Dieter Wellershoff Das geordnete Chaos

DIETER
WELLERSHOFF

DAS GEORDNETE CHAOS

ESSAYS ZUR LITERATUR

KIEPENHEUER
& WITSCH

Umschlaggestaltung: Kalle Giese, Overath
Satz: Kalle Giese Grafik GmbH, Overath
Druck und Bindearbeiten: Mohndruck, Gütersloh
ISBN 3-462-02217-2

Inhalt

Unabsehbarkeit

Vorwort

Die bekannte, meist spielerisch gestellte Gewissensfrage, ob man – würde einem ein zweites Leben gegeben – alles wieder genauso oder alles ganz anders machen wolle, setzt stillschweigend voraus, daß ein Leben ein persönliches Projekt und ein gestaltetes Ganzes sei, und erweist sich in dieser ungetrübten Schlichtheit als ein Ausdruck der biographischen Illusion. Wursteln sich die meisten Menschen nicht bloß von Tag zu Tag und von Situation zu Situation weiter? Und nehmen sie dabei nicht ständig wechselnde Rollen oder sogar andere Identitäten an? »Kunden gegenüber ist man mit Privatmeinungen zurückhaltend, dem einen stimmt man zu und dem nächsten stimmt man wieder ab« heißt das bei Gottfried Benn im »Ptolemäer«. Das Leben besteht aus Wechselwirkungen. Es ist ein Prozeß, in dem immer wieder Spannungen und Ungleichgewichte entstehen, die erneut nach Ausgleich und Veränderung verlangen. Natürlich versuchen die persönlichen Wünsche, Ziele, Wertvorstellungen und Entwürfe dem Prozeß eine Richtung zu geben, aber Widerstände und unvorhergesehene Zufälligkeiten zwingen ihm Umwege, Verzögerungen und Modifikationen auf und bringen die Lebensbewegung möglicherweise ganz von ihrem Kurs ab oder setzen ihr frühzeitig ein Ende. Und das ist es, was wir unter Erfahrung verstehen. Das Ergebnis dieses Widerspiels ist die Lebensgeschichte. Sie kann flach und monoton verlaufen oder dramatisch und konfliktreich mit vielen Windungen und Brüchen: Immer läßt sich rückblickend fragen, ob die Geschichte im Ganzen gesehen annehmbar war, ob man andere Möglichkeiten gehabt hätte und warum man sie nicht verwirklichen konnte oder versäumt hat.

Nehmen wir also an, die Antwort auf die Gewissensfrage nach dem zweiten Leben würde lauten, »Ich würde alles oder manches anders machen«, so stellte sie für uns heute kein grundsätzliches Problem dar. Aber die Menschen früherer Kulturen würden sagen: Das geht nicht. Alles würde sich wieder genauso ereignen. Denn dein Leben ist dein Schicksal, im Plan der Welt dir zugewiesen und auferlegt. Du kannst ihm nicht entkommen. Würde die Antwort auf die Frage dagegen lauten: Ich würde alles noch einmal machen, dann würden die Menschen aus Kulturen mit einem ausgeprägten Schicksalsbegriff, falls sie die Frage überhaupt verstünden, dies für die einzig mögliche, selbstverständliche Antwort halten.

Wir dagegen müßten Einspruch erheben und erklären, die Vorstellung, ein so komplexes Geschehen wie das menschliche Leben könne sich identisch wiederholen, sei eine Illusion. Würde man die Weltzeit zurückstellen bis zum Zeitpunkt unserer Geburt, um von identischen Ausgangspositionen das ganze Weltgeschehen wieder in Gang zu setzen, dann käme weder im Großen noch im Kleinen dasselbe dabei heraus, sondern etwas unabsehbar anderes. Denn in jeder Phase des Lebensablaufs gibt es Unbestimmtheiten und alternative Möglichkeiten, über deren Verwirklichung oder Verhinderung schon winzige Zufälle wie eine Magenverstimmung, ein besetztes Telefon, ein vergessener Termin oder das Wetter entscheiden können. Da aber nicht nur die eigene Lebensführung von solchen Unbestimmtheiten und Alternativen durchsetzt ist, sondern ebenso das Leben aller Menschen, die den eigenen Weg irgendwann kreuzen oder daran gehindert werden, entstehen immer wieder andere Wechselwirkungen mit anderen Folgen, die wiederum andere Folgen haben und neuen Zufällen neue Ansatzpunkte bieten. Wiederholten wir also den Versuch, das Leben aus identischen Startpositionen erneut ablaufen zu lassen, ein zweites, drittes, viertes und x-beliebiges Mal, dann wiche jeder neue Verlauf von allen voraufgegangenen ab. Käme es zu einer hinreichend großen Zahl von Abläufen, dann ließen sich statistische Vorhersagen machen. In einem dieser Abläufe – man kann aber nicht sagen, in welchem – würde man mit großer Wahrscheinlichkeit einen tödlichen Autounfall erleiden. Bei einer noch wesentlich größeren Anzahl von ablaufenden Szenarien bekommt man irgendwann den Hauptgewinn einer Lotterie, ungeachtet dessen, daß man in vielen Abläufen nie ein Lotterielos kauft. In vielen Fällen heiratet man, aber kaum denselben Partner, weil man ihn gar nicht erst trifft oder er selbst schon anders entschieden hat. Man ergreift verschiedene Berufe, hat unterschiedlichen Erfolg, entwickelt den unterschiedlichen Erfahrungen entsprechende, unterschiedliche Ansichten und Charakterzüge. Und es ist durchaus nicht ausgeschlossen, daß in einem dieser Abläufe die Karten so gemischt werden, daß man ein Verbrechen begeht.

Das Leben, das wir tatsächlich führen, stellt nur eine besondere und in mancher Hinsicht zufällige Auswahl aus einem weiten Horizont unaktualisierter anderer Möglichkeiten dar. Das wird besonders markant bei historischen Situationen und Persönlichkeiten. Preußen, das den Siebenjährigen Krieg bereits verloren hatte, wurde durch den plötzlichen Tod der Zarin Elisabeth gerettet, denn ihr Nachfolger, Zar Peter III., war ein Bewunderer Friedrichs des Großen, womit die antipreußische Koalition auseinanderbrach. Napoleon wurde 1805 bei Regensburg von einer Kugel gestreift. Wäre er tödlich getroffen worden, hätte es für ihn kaum gleichwertigen Ersatz gegeben und die Geschichte Europas hätte einen anderen Verlauf genommen. Man kann das auch an Hitler durchspielen. Wäre er, der sich zunächst für einen Künstler hielt, an der Wiener Akademie der Künste nicht abgewiesen worden, dann wären möglicherweise seine Phantasien in diesem Milieu gebunden worden und die Welt hätte einen schlechten Künstler mehr, aber keinen Zweiten Weltkrieg ertragen müssen. Oder nehmen wir den viel wahrscheinlicheren Fall, Hitler wäre im Ersten Weltkrieg gefallen. Wie wäre es dann weitergegangen? Es ist unvorstellbar. Die historischen und sozialen Voraussetzungen des Nationalsozialismus hätten zwar weiterbestanden und Wirkungen gehabt, aber wer von den späteren Naziführern wäre an Hitlers Stelle getreten? Und wie wäre das nach dem sogenannten »Marsch zur Feldherrnhalle« gewesen, falls Hitler dort von einer Polizeikugel tödlich getroffen worden wäre? Wäre vielleicht der SA-Führer Röhm, den Hitler ermorden ließ, sein Nachfolger geworden? Aber der hätte unter der Großindustrie, bei den Militärs und bei den konservativen Bevölkerungsschichten als proletarisch gegolten und, anders als Hitler, kaum Unterstützung gefunden. Es wäre also anders gelaufen. Wie, weiß man nicht, da jede Änderung des Ablaufs die Voraussetzung für weitere Veränderungen geworden wäre. So sind gerade die mißglückten Attentate auf Hitler, bis hin zu dem vom 20. Juli, markante Punkte, an denen mögliche Richtungsänderungen der Geschichte durch Zufälle vereitelt wurden. Hitler hat daraus in seinen Reden den Schluß gezogen, die Vorsehung habe seinen Tod verhindert, damit durch ihn ihre historischen Absichten in Erfüllung gingen. Das ist im übrigen Hegels Argument von der »List der Vernunft«. Das Notwendige geschieht und benutzt den Zufall zur Verwirklichung seiner Zwecke. Aber der Zufall ist blind und unzähmbar. Mal mag er sich von geschichtlichen Entwicklungen in Dienst nehmen lassen. Ein anderes Mal durchkreuzt er sie und das Ergebnis erscheint als neue Notwendigkeit und läßt die anderen Möglichkeiten vergessen. Viele Zufälle annullieren auch Möglichkeiten, so daß man sie gewöhnlich gar nicht bemerkt. Es ist noch einmal gutgegangen, weil der feindliche Schütze, der auf einen zielte, von einem Insekt gestochen wurde und deshalb beim Abdrücken das Gewehr verzog. Oder, um ein friedliches Beispiel zu wählen: weil man eine Straßenbahn verpaßt hat und deshalb in dem Augenblick, in dem etwas Folgenreiches mit einem passiert wäre, nicht zur Stelle war. Noch schlechter greifbar als solche materiellen Erscheinungen des Zufalls sind die Unwägbarkeiten von Gefühlen, Stimmungen, plötzlichen Einfällen und Entschlüssen, die von etwas abhängig waren, was außerhalb von ihnen lag, einem besonderen, zufälligen Umstand der genausogut anders hätte sein können und der nun, durch sie hindurch, eine neue Notwendigkeit schafft.

Das alles ist im Ursprung sinnblind und beunruhigend abgründig, und im alltäglichen Kleinformat der Tücke des Objektes kann es grotesk wie ein Slapstick erscheinen. Es hat nicht die erhabene Strenge eines Schicksalsbegriffs, nach dem immer nur das Notwendige geschieht und es keine Alternativen gibt. Aber »Wenn der Zufall es will«, wie die Redewendung täuschend sagt, kann er genauso fatal wie das Schicksal sein. Man kann sich nur nicht dauerhaft auf ihn einstellen. Doch eigentlich ist es viel faszinierender, daß die Welt nicht von einem festen Plan regiert wird und keine vom Laplaceschen Dämon genau berechenbare, deterministische Maschine ist, sondern ein offenes dynamisches System, das sich durch die Wechselwirkungen aller seiner Elemente selbst steuert und auf allen Stufen seiner Organisation – von der Quantenmechanik über die Mutationen der Gene bis hin zu den Spielräumen menschlichen Verhaltens – von Zonen chaotischer Unbestimmtheit durchsetzt ist. Denn dies bedeutet, daß das System Zukunft hat.

In den letzten Jahren haben die indeterministischen Konzepte von der Physik der Elementarteilchen bis hin zur Soziologie und zur Kunsttheorie sich wechselseitig immer weiter vernetzt und gespiegelt. Zufall und Unbestimmtheit, Symmetriebrechung, Gestaltähnlichkeit und fraktales Wachstum, Wechselwirkung und Komplexität, Selbstorganisation und Unvorhersagbarkeit sind die Begriffe, mit denen auf allen Ebenen ihrer Organisation eine Welt beschrieben wird, in der das Chaos sich als die dynamische Seite der Ordnung zu erkennen gibt, eine Welt der Vielfalt, in der sich alles unterscheidet und alles zusammenklingt. Mit Schopenhauer könnte man von einem blinden Gesamtwillen sprechen, der sich unendlich differenziert, und von zahllosen individuellen Lebensträumen, enthalten in einem großen Gesamttraum, der allerdings außer den vielen kein Subjekt hat. Es ist auch eine Welt der Spannungen und Konflikte und ständiger Konkurrenz, denn aus Ungleichgewichten heraus bewegt sie sich. Dem einzelnen kann sie erbarmungslos ungerecht erscheinen und erschreckend undurchschaubar. Für viele ist sie eine Welt der Orientierungslosigkeit und Einsamkeit und deshalb auch ständiger Fluchtversuche und Regressionen. Doch sie scheint lebensfähiger zu sein als alle Konstruktionen.

Ich habe die Essays und Vorträge, die in diesem Band versammelt sind, nur hier und da auf diesen Hintergrund bezogen, doch obwohl sie sich alle besonderen Themen zuwenden, sind sie vom Klima der beschriebenen Situationen mehr oder minder mitgeprägt. Aber ich will den Zusammenhang des Verschiedenen hier nur andeuten und nicht über Gebühr strapazieren.

Ich habe gezögert, den Aufsatz »An den Rändern der Bedeutung« in den Band aufzunehmen, denn ich gehe darin von Fotografien aus, die hier nicht abgebildet sind. Aber ich denke, daß der Aufsatz trotzdem alles zur Verfügung stellt, was der Leser zum Verständnis der Argumentation braucht. Und da das Thema des Aufsatzes – das Sehen, das sich von den gesicherten Bedeutungen und Sehgewohnheiten zu lösen versucht – weit über das Ausgangsmaterial hinausreicht und sich vielfach mit den Themen der anderen Aufsätze dieses Bandes berührt, habe ich es für berechtigt gehalten, mich über das dokumentarische Defizit hinwegzusetzen und den Text hier abzudrucken.

Bleibt noch anzumerken, daß die Jahreszahlen unter den Titeln das Entstehungsjahr des jeweiligen Textes angeben und bei Zweitzahlen auch das Jahr der Überarbeitung. Weitere Informationen, zum Beispiel über Erstveröffentlichungen, können dem Veröffentlichungsnachweis im Anhang entnommen werden.

D. W. 1992

Schreiben in einer vom Zufall durchmischten Welt

Rede zur Verleihung des Heinrich-Böll-Preises
1988

Die Gelegenheit, heute zu Ihnen zu sprechen, ist für mich eine große Freude. Und die Freude soll auch das erste Wort haben: Ich möchte mich bedanken. Ich versuche es zusammenfassend zu tun, obwohl es eigentlich ein ausführlicher und vielgestaltiger Dank sein müßte, an die Stadt, die den Heinrich-Böll-Preis verleiht, die Jury, die ihn mir in diesem Jahr zugesprochen hat, an Sie, Herr Oberbürgermeister, wegen Ihrer einleitenden Worte, die mir vor Augen geführt haben, was an meiner literarischen Arbeit beachtet und geschätzt wird, und Dank an Dich, lieber Conrad Wiedemann, für die einfühlsame und kenntnisreiche Darstellung der inneren Zusammenhänge und Motive meines Schreibens. Ich könnte so fortfahren und die Namen aller derer zitieren, die einen Anteil an der Entstehung meiner Bücher haben. Aber ich möchte Sie nicht mit einer barocken Namensgirlande langweilen. Und so danke ich ausdrücklich nur noch Françoise Groben, Yuka Kobayashi und Julian Shevlin, daß sie heute von mir sehr geliebte Musik spielen.

Nicht ohne ein leise mitklingendes Erstaunen erlebe ich diese festliche Stunde. Obwohl ich viel Zeit hatte, mich darauf vorzubereiten, bin ich schlecht dafür gerüstet. Ich war und bin eingestellt auf das Gegenteil: das Klappern der Schreibmaschine in der Abgeschlossenheit des eigenen Zimmers und die jahrzehntelange Gewohnheit, dem Literaturbetrieb und den Instanzen der öffentlichen Meinungsbildung den Rücken zu kehren und allein der sich allmählich entwickelnden Logik des eigenen Textes zu folgen. Fremde Stimmen, fremde Meinungen durften sich da nicht einmischen. Schon gar nicht die auf dem Literaturmarkt herumgeredeten und vollstreckten Vorurteile, die vielen, von der kritischen Ordnungspolizei aufgestellten Verbotstafeln und Wegweiser, die die eigene Imagination, die eigene Wahrnehmung des Lebens nur behindern können. Der Seminaristeneifer, mit dem beispielsweise immer noch die längst konventionell gewordenen Schreibmuster der ehemaligen literarischen Avantgarde als Meßlatten für literarische Avanciertheit benutzt werden, kann man nur noch mit Ironie betrachten. Da versuchen Leute in einen Zug zu steigen, der längst nicht mehr im Fahrplan steht. »Obwohl der Autor die moderne Literatur kennt«, so schrieb einer jener Kritiker, »zieht er die gute alte Erlebte Rede dem Inneren Monolog vor.« Als ob der innere Monolog nicht auch längst der gute alte innere Monolog wäre. Als ob nicht alle Innovationen der literarischen Moderne inzwischen disponible Schemata wären und schon von jedem, der heute anfängt zu schreiben, mit gefälliger Routine benützt würden, freilich ohne daß das noch irgendeine ästhetische Beweiskraft hätte. So wie die alte heilsgeschichtliche Vorstellung von einem Ziel der Geschichte abgelöst wurde von dem Bild eines offenen Wandlungsprozesses, der gleichzeitig viele verschiedene Möglichkeiten von Zukunft in sich birgt, genauso hat sich auch im Bereich der Kunst- und Literaturproduktion das alte Orientierungsschema einer linearen Entwicklungslogik in ein Gewirr von kurzfristigen Trends, von Rückgriffen und Wiederbelebungen und von hastig inszenierten Saisonaktualitäten verwandelt, die sich alle nicht als historische Notwendigkeiten beglaubigen lassen, sondern allenfalls einem modischen Begriff des Neuen genügen.

Auf dem Kunstmarkt ist das greller sichtbar als in der Literatur, weil die Literatur ein langsameres und nicht so effektvoll inszenierbares Medium ist. Aber auch hier hat eine Enttemporalisierung der Stile und Stilformen stattgefunden. Sie hat aus dem historischen Nacheinander der Formen ein Nebeneinander gemacht, nicht nur imaginäres Museum, sondern auch technisches Arsenal, aus dem sich jeder nach Belieben bedienen kann. Die chronologische Erzählung oder die Rückblende, szenische Prosa oder Bewußtseinsstenogramm, die Gedankenstimmen des sogenannten Subdialogs und der wörtliche, der gesprochene Dialog, der dokumentarische Originalton und die Persiflage, die Erlebnisperspektive und der Bericht des Erzählers – alles ist inzwischen gleich aktueller Bestandteil der zeitgenössischen Literatursprache.

Wer sich in dieser entgrenzten, unübersichtlichen Situation zurechtfinden will, muß einen Blick für das Individuelle entwickeln. Es gibt keine glaubhaften Rückgriffe auf überpersönliche Wahrheiten mehr, denn der geistige, der künstlerische Diskurs ist aufgesplittert in eine Vielzahl von Stimmen. Wie alter Schnee sind die letzten kulturellen Normbestände weggeschmolzen. Es sind Immobilien ohne Wert, die keiner mehr beleihen kann.

Literarische Wahrheit wird nur noch individuell begründet, dort, wo der Schriftsteller mitten im Fremden mit der Welt zusammenstößt, wo seine persönlichen Beunruhigungen, Träume, Reizbarkeiten Gestalt gewinnen – auf weiten Phantasieexpeditionen und Erfahrungstrips durch den Stoff seiner Zeit. Und Wahrheit entsteht dann auch dort, wo ein Leser sich nicht von Bestseller- und Bestenlisten und nicht von den Hits des Feuilletons bevormunden läßt, sondern von der Sprache, dem Thema, der Geschichte eines Buches gefesselt wird, weil er spürt, daß darin etwas ist, was für sein eigenes Leben Bedeutung gewinnen kann. Ich wünsche mir vor allem solche Leser, die dem eigenen Gefühl vertrauen, wenn sie ein Buch in die Hand nehmen, und fähig sind, sich festzulesen, ähnlich wie man es als Kind getan hat, hungrig auf die Erfahrungsschätze, die in den vielen Kammern und Geheimfächern des Buches verborgen sind.

Weil das so wichtig ist und auch leider immer seltener, möchte ich es als Appell formulieren: Glauben Sie nicht, daß irgendein professioneller Literaturkenner Ihnen sagen könnte, welches Buch für Sie persönlich Bedeutung gewinnen kann. Das müssen Sie selbst herausfinden, wie Sie ja auch selbst herausfinden müssen, was Sie im Leben herausfordert, lockt, beängstigt, erregt, in Atem hält und weiterbringt. Nein, keiner kann Ihnen sagen, was für Sie wichtig ist. Wie auch niemand einem Schriftsteller sagen kann, was er darstellen, was ihn faszinieren soll. Existentielle Wahrheit ist nicht bestellbar und ist unaustauschbar. Aber sie kann als Funke von einem Menschen zum anderen überspringen und den Lichtbogen der Erkenntnis entstehen lassen.

Sicher verstehen Sie jetzt besser, weshalb in meiner Freude über diese festliche Stunde eine leise Verwunderung mitklingt. Die tief eingegrabene Überzeugung von der notwendigen Einsamkeit und Selbstbestimmtheit der schriftstellerischen Arbeit und ihrer ganz ungewissen und unkontrollierbaren Wirkung läßt mich staunen über den festlichen Einklang dieser Szenerie. Ich bin nicht unempfindlich dafür, ich will gerne zugeben, daß es mich wärmt. Doch ich muß zugleich von der Lesart ausgehen, daß Feste symbolische Handlungen sind, die utopisch über ihren Anlaß hinausreichen. So wie am Ende der Komödie alle Konflikte gelöst scheinen und alle Akteure sich im Tanz finden, bis der Narr im Epilog davon singt, daß draußen weiterhin der Regen fällt, so ist auch jedes Fest eine gespielte, geträumte Versöhnung, in der die Widersprüche des Lebens vorübergehend verstummen.

Ich nehme es gerne so in mich auf. Denn es wird in der Schwebe gehalten von einem ganz anderen Grundgefühl, das mich nie verlassen hat und einen Treibsatz meines Schreibens darstellt. Es ist ein Bewußtsein, eine Empfindlichkeit dafür, daß die Welt für sich da ist, nicht auf mich zugeordnet und nicht auf mich angewiesen. Daß vielmehr meine Existenz, wie jede andere auch, in ihrem Ursprung und ihren besonderen Umständen und Bedingungen zufällig ist und genausogut gar nicht hätte stattfinden oder anders hätte verlaufen können.

Biographisch ist diese Erfahrung verschärft worden durch den Krieg, den ich – mehrfach hat mir das deutlich vor Augen gestanden – nur zufällig überlebt habe. Warum ich und nicht die vielen anderen um mich herum? Ich hatte keinen größeren Anspruch darauf und auch keinerlei Verdienst daran. Am Grunde unseres Daseins wird Lotterie gespielt, so wie man es, banal genug, oft im Fernsehen erleben kann: Irgendeine verlegen lächelnde Person zieht aus einem Berg von Einsendungen ein paar Karten hervor, die mit Gewinnen belohnt werden. Alle anderen wandern in den Reißwolf.

Das Leben, ein Geschenk des Zufalls, wird vom Zufall gegen die Gefahr seiner völligen Berechenbarkeit geschützt. Ohne ihn gäbe es wohl kaum Individualität und Mannigfaltigkeit. Doch Ungerechtigkeit und Grausamkeit bei der Verteilung der Lebenslose sind dafür ein schockierender Preis. Ich stelle mir manchmal die Aufgabe, in einer vom Zufall durchmischten Welt zu leben, im Bild eines Kartenspiels vor. Man zieht gute und schlechte Karten, Vor- und Nachteile, Glücks- und Unglücksfälle, Gaben und Handikaps in einer zufälligen Mischung und Reihenfolge und muß nun versuchen, damit sein Spiel zu machen. Allmählich kann man vielleicht Ordnung in das Chaos bringen und seinem Spiel eine Richtung, eine eigene Logik geben. Doch das entstandene Muster kann stets durch neue Herausforderungen durchkreuzt werden, die die Zukunft offen halten als ein Feld unterschiedlicher Möglichkeiten.

Seit jeher hat das meine Phantasie erregt. Wenn ich inmitten fremder Menschen durch die Stadt gehe, denke ich oft, daß sie alle Mitspieler in dem großen Experiment »Leben« sind. Jeder ist ein neuer, unwiederholbarer Versuch, zurechtzukommen mit den Umständen und Bedingungen, in denen er sich vorfindet. Gerade weil es unvermeidbar ist, daß man sich im Gewimmel der Straßen und Kaufhäuser und im Gedränge der Verkehrsmittel auf schnappschußartige Wahrnehmungen beschränkt, baut sich hinter dem Geflirre der vielen flüchtigen Eindrücke ein Geheimnis auf. Wer sind diese Menschen? Was tun sie? Wovon träumen sie? Wie leben sie? Und wie sterben sie? So groß die Unterschiede zwischen den Menschen auch sind, es gibt nach meiner Überzeugung kein gleichgültiges, belangloses Leben, keines, in dem nicht etwas zu finden wäre, das auch für mich und für andere gut wäre zu wissen.

Erlauben Sie mir, noch einen Augenblick neben mich zu treten und von anderen Schriftstellern und ihrem Handwerk zu sprechen, denn auch mir wird dabei deutlicher, wie fragwürdig und wie gewagt die schriftstellerische Arbeit des Imaginierens ist. Kürzlich las ich den Roman »Garp und wie er die Welt sah« des Amerikaners John Irving. Garp, die Haupt- und Titelfigur des Romans, ist ein Schriftsteller, und man darf annehmen, daß John Irving seine erfundene Figur benutzt hat, um eigene Erfahrungen mit dem Schreiben an ihr zu verdeutlichen. Da gibt es unter anderen eine ganz kurze Episode, nur einen Absatz lang, in der Garp von einer Frau interviewt wird. Er sagt ihr, um seine Vorstellung vom Schreiben zu erklären:

»Erzählen Sie mir irgend etwas, das Ihnen irgendwann passiert ist, und ich kann die Geschichte verbessern; ich kann die Einzelheiten besser machen.« Hinter dem Rükken seiner fiktionalen Figuren läßt John Irving die Leser seines Romans wissen, daß die Interviewerin eine Frau mit vier kleinen Kindern ist, von denen eines gerade mit Krebs im Sterben liegt. Sie blickt Garp mit dem Ausdruck äußerster Skepsis an, und intuitiv erfaßt er, daß sie unter etwas leidet. Sehr sanft sagt er zu ihr: »Wenn es traurig ist – selbst wenn es sehr traurig ist –, kann ich eine Geschichte daraus machen, die noch trauriger ist.«

Es verschlug mir den Atem an dieser Stelle. Der Schriftsteller Garp ist, so wie Irving ihn darstellt, ein sensibler, menschenfreundlicher Mann. Aber er steht in diesem heiklen Moment zu seiner Überzeugung, daß die schriftstellerische Phantasie jede konkrete Erfahrung überbieten kann und überbieten darf. Sollte vielleicht darin eine rettende Stärke liegen? So wie Franz Kafka es in sein Tagebuch schrieb: »Die Festigkeit aber, die das geringste Schreiben mir verursacht, ist zweifellos und wunderbar.« Das ist die Festigkeit, die daher rührt, nicht nur in das Leben verstrickt zu sein, sondern ihm zugleich gegenüberzustehen und es anschauen zu können – ohne Retuschen, ohne Scheuklappen, ohne Vorurteile, ohne Schematisierungen, ohne Angst. Es scheint eine frivole Position zu sein, wenn man sie mit den Worten des 18jährigen James Joyce beschrieben findet, der in einem Essay über Ibsen geschrieben hat, der Schriftsteller müsse wie Gott »in oder hinter oder jenseits oder über seinem Werk stehen, unsichtbar aus dem Leben herausgelöst, gleichgültig damit beschäftigt, seine Nägel zu schneiden«. So provozierend das gesagt ist und so befremdend der Gedanke des Schriftstellers Garp ist, eine traurige Lebenserfahrung literarisch noch zu überbieten, – sicher haben Sie verstanden, daß die Autoren damit nicht einer abstrakten Idee von künstlerischer Freiheit huldigen, sondern die Freiheit der Imagination als den Auftrag verstehen, den ganzen Spielraum der Möglichkeiten des menschlichen Lebens auszumessen.

Aber das ist kein gesicherter Konsens, schon gar nicht unter Schriftstellern. Der skeptische, abweisende Blick, mit dem die Interviewerin Garps Thesen über das Schreiben anhört, könnte keinen beredteren Ausdruck finden als in den Selbstzweifeln Franz Kafkas, der nur schreibend leben konnte und doch das Schreiben in einem denkwürdigen Brief an seinen Freund Max Brod als »Teufelsdienst« bezeichnete und seinem Gesprächspartner Oskar Janouch sagte: »Man muß schweigen, wenn man nicht helfen kann. Niemand darf durch seine Hoffnungslosigkeit den Zustand der Patienten verschlimmern. Deshalb soll mein ganzes Gekritzel vernichtet werden. Ich bin kein Licht. Ich habe mich nur in den eigenen Dornen verrannt. Ich bin eine Sackgasse.«

Das ist wahr und falsch zugleich. Falsch offensichtlich, da das Jahrhundert seine dunkelsten Möglichkeiten in Kafkas Werken erkannte und wir ohne diese Dunkelheit blinder wären. Aber wenn man an die Legionen von eilfertigen Helfern denkt, deren Reklame uns umgibt, alle diese Psychotherapeuten, Verhaltenstrainer, Sektengurus, die vollmundig behaupten, helfen zu können, dann scheint angesichts eines solchen Angebots von therapeutischem Optimismus Wahrheit nur noch in dieser verzweifelten Stimme zu liegen.

Ich will nicht versuchen, die Gegensätze im Selbstverständnis der Schriftsteller, die oft, wie beispielsweise bei Kafka, in einer Person enthalten sind, miteinander zu versöhnen. Denn sie spiegeln die ungelöste Spannung zwischen der Fiktion und dem Leben. Ohne diese Spannung würde die Literatur ihre Glaubwürdigkeit und jedes tiefere Interesse verlieren. Mit ihr wird es ihr nie an Stoff fehlen und nie an Notwendigkeit.

Doch ich will jetzt nicht in das Pathos einer Festrede verfallen und zuversichtlich behaupten, daß es auch so sein wird. Die niederziehende Stimmung, die sich in den letzten Jahren breitmacht, ist vielleicht vor allem eine deutsche Angelegenheit, und sie drückt besonders die Stimmungslage einer alt gewordenen Generation von Literaten, Kritikern, Redakteuren, Lektoren aus, die sich von der Szene verabschieden. Sie glauben, daß in den fünfziger und sechziger Jahren bessere Bücher geschrieben wurden als heute. Ich halte das für eine optische Täuschung, die sich von Generation zu Generation wiederholt. Aber im Zusammenhang mit anderen, berechtigteren Sorgen, zum Beispiel um die Zukunft der Lesekultur, bekommen solche Stimmungen eine destruktive Macht und können im Sinne einer sich selbst erfüllenden Prophezeiung wirken. Während die Autoren der fünfziger und sechziger Jahre von einer allgemeinen Aufbaustimmung begünstigt wurden, weht den Schriftstellern heute ein kalter Wind ins Gesicht. Und hier sehe ich einen wichtigen aktuellen Sinn eines solchen Festes der Literatur, wie wir es heute feiern. Es repräsentiert den Wärmestrom der Sympathie, der Erwartung, des Interesses, der nicht versiegen darf, wenn man will, daß es schöpferische Phantasie und lebenskräftige künstlerische Werke gibt. Ich danke Ihnen.

Double, Alter ego und Schatten-Ich

Schreiben und Lesen als mimetische Kur

1991

Als Proust zu André Gide sagte: »Man kann alles erzählen, aber unter der Bedingung, daß man nie ›Ich‹ sagt«, hat er zu der verbreiteten Vermutung, daß auch alles fiktionale Schreiben im Grunde Autobiographie sei, eine wichtige Ergänzung beigetragen. Sie ist auf den ersten Blick verwirrend; denn Prousts Roman »A la recherche du temps perdu« ist selbst in der Ichform geschrieben und gleicht überdies in Thema und Aufbau durchaus einer Autobiographie. Der Roman ist die rückblickende Erzählung der Lebensgeschichte Marcels bis zum Durchbruch seiner schriftstellerischen Begabung. Wenn wir das vielbändige Werk bis zum Ende gelesen haben, dann kennen wir schon das Werk, das die Ichfigur am Ende des Buches zu schreiben beginnt. Vor allem dieses Zusammentreffen des Konzeptes und des fertigen Buches, in dem die vorausgegangene Lebensgeschichte nun schon geborgen ist, läßt Marcel, die Haupt- und Ichfigur der »Recherche«, in sekundenschneller Verschmelzung mit deren Autor Marcel Proust identisch erscheinen.

Und doch wäre es falsch anzunehmen, daß dies durchgehend so sei. Bei aller Ähnlichkeit der Psychologie und der Lebensumstände bleibt eine geringe, aber prinzipielle Differenz: Der Icherzähler Marcel ist nicht der junge Marcel Proust, sondern dessen Double. Auf dem Umweg über diese Figur ist Marcel Proust in das Innere seiner Erfahrungen eingedrungen, aber er hat dabei von fiktionalen Freiheiten Gebrauch gemacht, die sich der Autor einer

Autobiographie, wenn er sich an die Bedingungen seines gewählten literarischen Genres hält, nicht erlauben dürfte. So hat er, wie man aus den Manuskripten ersehen kann, die berühmte Episode, in der Marcel durch den Geschmack einer in Tee getauchten Madeleine in seine Kindheit zurückversetzt wird, mehrfach geändert. Zuerst ist von einigen Scheiben Toast die Rede, dann von einem Zwieback, und dann erst hat sich Proust entschieden, das Schlüsselerlebnis der unwillkürlichen Erinnerung durch den Geschmack einer in Tee getauchten Madeleine hervorzurufen.

Auch andere Verschiebungen hat er vorgenommen. So ist aus dem Haus des Großvaters das Haus seiner Tante Leonie geworden, von der er als Kind die Madeleine bekommen hat. Aber man kann nicht einmal sicher sein, daß er nicht auch dieses Erlebnis erfunden hat. Und wenn Proust im Schlußteil der »Recherche« darstellt, wie für Marcel bei einer Matinée im Pariser Stadtschloß der Guermantes seine Berufung zum Schriftsteller zur inneren Gewißheit wird und dies anschaulich macht, indem er ihn kurz hintereinander eine ganze Folge von Momenten unwillkürlicher Erinnerungen erleben läßt, muß man zweifeln, daß das wirklich so geschehen ist. Die Häufung und Gedrängtheit der Erlebnisse und auch ihre Vorbereitung durch eine Phase der Depression, auf die dann der Durchbruch folgt, sieht eher wie eine künstlerische Inszenierung aus, die dem szenischen Modell des großen Erwekkungserlebnisses zu folgen versucht. Nach einem Vorlauf von vielen tausend Seiten wäre ein flacher und allmählicher Übergang zum Schreiben als Schlußakkord des Romans dramaturgisch wenig befriedigend gewesen.

Die »Recherche« ist also ein inszeniertes Buch, das die

dargestellten Vorgänge und Ereignisse der Logik der Dramaturgie und den Beweisabsichten des Autors unterwirft. André Gide ist trotzdem davon ausgegangen, daß das Werk im Grunde eine Autobiographie sei und nach den Wahrheitsbedingungen dieses literarischen Genres beurteilt werden dürfe. Und so hat er den Autor der »Recherche« den »großen Meister der Verstellung« genannt. Vor allem deshalb, weil Proust mit Rücksicht auf seine Mutter seine Homosexualität verschleiert hat, indem er aus seinem Freund Albert im Roman ein junges Mädchen mit dem Namen »Albertine« machte – in unseren Augen eine Lächerlichkeit. Und wohl auch in den Augen von André Gide, der in seiner Autobiographie offen über seine Homosexualität gesprochen hat, dem strengen Wahrheitsgebot gehorchend, unter dem die Autobiographie als literarische Gattung steht, wie auch immer konkrete Autobiographien, zum Beispiel durch Weglassen, dagegen verstoßen mögen.

Proust dagegen hat ein Werk geschrieben, das zwischen autobiographischem Roman und romanhafter Autobiographie ständig changiert. Es beruht auf seiner lebensgeschichtlichen Erfahrung, macht sich aber im Umgang mit dem erinnerten Material die Freiheiten des Romanautors zunutze. Er formt die Situationen und Personen so, daß sie an Wesentlichkeit und Tiefe gewinnen, und er gibt ihnen fremde Namen und ändert die Orte und andere Erkennungszeichen, um damit auszudrücken, daß die Lebenswelt des Buches ein von imaginären Personen bevölkerter autonomer Raum ist. Zwar spiegelt sich darin die tatsächliche Lebenswelt des Autors, aber ein Leser, der die biographischen Hintergründe des Romans nicht kennt, muß sie nicht vermissen, weil Figuren und Situationen durch sich selbst interessant sind und in ihrer Welthaltigkeit weit über das Biographische hinausreichen.

Wenn Gide von Verstellung gesprochen hat, dann findet das seine bedingte Berechtigung in Prousts Verwischung der Unterschiede von Autobiographie und Roman. Aber angesichts der sensiblen Differenziertheit, dem Reichtum und der Tiefgründigkeit von Prousts Menschendarstellung, zu der man in Gides Werk nichts Ranggleiches finden kann, ist das eigentlich nur moralisierender Dogmatismus und Beckmesserei, und es wäre angemessener zu sagen, daß sich Proust mit der Zielsicherheit eines schöpferischen Menschen, der seiner Neugier und seinen Faszinationen folgt, genau die narrativen Bedingungen geschaffen hat, die er brauchte, um alle seine Möglichkeiten entfalten zu können.

Und was heißt schließlich auch Verstellung? Wir werden darüber sprechen müssen, daß jeder Autor, der sich an persönliche Erfahrungen oder gar an tabuisiertes Material heranwagt, sich gegen innere und äußere Kontrollen schützen muß. Er kann sich natürlich auch gereizt fühlen, die Schranken demonstrativ zu zerbrechen und zum Beispiel wie Henry Miller durch die bis dahin unerreichte Drastik bei der Darstellung sexueller Handlungen die Auszeichnung eines gerichtlichen Veröffentlichungsverbotes einheimsen. Doch wenn, wie heute, das Spektakuläre dieser Grenzüberschreitung vorbei ist, dann kann man durchaus den Verdacht hegen, daß Millers narzißhafte Darbietung seiner sexuellen Potenz bewußt oder unbewußt mehr verschweigt als enthüllt. Und das wäre dann gewiß der nicht einzigartige Fall einer Verstellung und Tarnung in einem Szenario furchtloser und rücksichtsloser Selbstentblößung.

Dieser Verdacht ist eine Hypothese. Sie soll hier nur den Blick dafür offen halten, daß im Hintergrund des autobiographischen Schreibens als eine weitere Entwicklungsmöglichkeit immer schon die Fiktionalität des Romans erscheint, wie umgekehrt auf dem Grund der meisten bedeutenden Romane autobiographische Quellen zu finden sind. Aus diesem spannungsvollen Verhältnis entwickeln sich komplizierte Übertragungs- und Umwandlungsprozesse ganz verschiedenen Grades und unterschiedlicher Reichweite, die mit dem moralisierenden Begriff der Verstellung nicht zu fassen sind. Auf der einen Seite des fiktionalen Panoramas finden wir das fast identische Double des Autors, zum Beispiel den Icherzähler der »Recherche«, den die Proust-Interpreten Marcel nennen. Auf der anderen Seite des Panoramas steht beispielsweise »Madame Bovary«, die Hauptfigur von Flauberts gleichnamigem Roman, von der der Autor gesagt hat: »Madame Bovary, das bin ich.« Das ist wegen der offensichtlichen, nicht nur geschlechtlichen, sondern auch sozialen und bildungsmäßigen Verschiedenheit des Autors und seiner Romanfigur eine verblüffende Behauptung. Aber Madame Bovary ist kein Double des Autors, sondern sein Alter ego. Flaubert hat in ihr einen Teilaspekt seiner Person dargestellt, nämlich den auf das Format einer naiven Provinzlerin heruntergestutzten Romantiker und Träumer, den er als sein unreifes Selbst empfand und den er im Roman, nicht ohne ihm auch ein gewisses Recht zu verschaffen, den grausamen Tod seiner Romanheldin Emma Bovary sterben ließ. Flaubert vollzog die Tötung seines alten Ichs aber nicht nur im stellvertretenden Tod seiner Romanfigur, sondern im Schreiben des Romans auch an sich selbst. Indem er sich der strengen Disziplin eines objektiven szenischen Stils unterwarf, der jede Einmischung des Autors verbot, unterdrückte er gewaltsam den in rhetorischem Prunk und emotionaler Üppigkeit schwelgenden Romantiker, der er bis dahin gewesen war, und zwar um den Preis fürchterlicher depressiver Schreibhemmungen und Qualen, von denen er in seinen Briefen berichtet hat.

Die Exponierung von Problemen und Teilaspekten der eigenen Person in erfundenen Figuren, die man als ein anderes Ich des Autors bezeichnen kann, stellt ein Hauptverfahren fiktionaler Phantasiearbeit dar. Auch anderen Figuren mögen Anteile der Psychologie des Autors beigemischt sein, aber diejenigen Figuren, die man als Anderes Ich des Autors bezeichnen kann, bilden das eigentliche dramatische Potential des Textes. Dostojewski hat in seinem Roman »Die Brüder Karamázov« seine komplexe und widerspruchsreiche Person gleich in vier fiktionale Alter egos aufgespalten. Da sind zunächst die drei Brüder Aljoscha, Dmitrij und Iván: der erste ein Kloster-Novize, der ein heiligmäßiges Leben führen möchte, der zweite, der leidenschaftliche Dmitrij, ein ehemaliger Offizier, der mit dem alten Karamázov, einem üblen, triebhaften Vatertyrannen, um dieselbe Frau rivalisiert, und Iván, ein skeptischer Intellektueller. Der Plot des Romans schürzt sich durch die Ermordung des alten Karamázov, die Dmitrij zur Last gelegt und für die er unschuldig verurteilt wird. Der Mörder ist Smerdjakov, der uneheliche Sohn und epileptische Lakei des alten Karamázov, der sich durch Suggestionen Iváns zu diesem Mord beauftragt gefühlt hat und sich später erhängt. Iván erkennt seinen Anteil an dem Mord. Smerdjakov ist Iváns Schatten-Ich, aber auch das Schatten-Ich Dostojewskis selbst, nämlich das Andere Ich, das alle niederen und düsteren Züge der eigenen Person auf sich vereint. Auch in Dmitrij und Iván hat Dostojewski seinen gewaltigen Vaterhaß thematisiert. In seinem Schatten-Ich Smerdjakov hat er ihn mörderisch vollzogen, doch zugleich als den düsteren und niedersten Teil seiner Seele dargestellt und durch den Tod dieser Figur gesühnt. So stellt der ganze Roman die Exponierung eines innerseelischen Spannungsgefüges dar, das einen in seinen Widersprüchen an einen abgründigen Aphorismus Nietzsches über die Relativität der Wahrheit denken läßt. Schon in seinem Roman »Schuld und Sühne« hatte sich Dostojewski mit Nietzsches Nihilismus auseinandergesetzt, und zwar deshalb, weil er ihn als seine größte geistige Versuchung erkannte. Es sind ja die Gefährdungen, die die Suche nach einer eigenen Identität und eigenen Gewißheiten lebensnotwendig machen. Und ein so widersprüchlicher, zerrissener Mensch wie Dostojewski, der so viele gegensätzliche Wesenszüge in sich barg und in seinen fiktionalen Personen aus sich herausstellte, mußte in Nietzsches Diktum, daß es vielerlei Augen und vielerlei Wahrheiten und also keine Wahrheit gebe, eine schwindelerregende Herausforderung sehen.

Eine Aufspaltung lebensgeschichtlicher und persönlicher Erfahrung auf verschiedene Romanfiguren findet sich im Werk vieler Autoren. Das heiße, flüssige Material aus dem Quellgrund der schriftstellerischen Imagination scheint sich manchmal wie von selbst seinen Weg zu bahnen und teilt sich in wechselnden Intensitäten vielen Figuren mit, teilt sich in ihnen auf und vervielfältigt sich. So gibt es in der »Recherche« neben dem Icherzähler Marcel, also dem Double des Autors, auch noch den kultivierten Gesellschaftsmenschen Swann, der in vieler Hinsicht als ein erwachsenes Alter ego von Marcel und damit auch von Proust erscheint, was vor allem bei der Darstellung der Liebesbeziehungen zu spiegelbildlichen Verdopplungen führt. Beide, Marcel und Swann, haben fast identische Eifersuchtsregungen und selbstquälerische Phantasien. Und in beiden Fällen verleugnet Proust seine Homosexualität, indem er Marcel an Albertine und Swann an die Lebedame Odette bindet. Zugleich macht sich ein verschobener Geständniszwang bemerkbar, denn beide Männer verdächtigen ihre Freundinnen lesbischer Beziehungen. Die autobiographische Lebenssubstanz ist eben ein nicht beliebig zähmbares und manipulierbares Element und deshalb gibt es den Texten, die von ihr durchpulst sind, ihre Lebendigkeit.

Es ist aber bezeichnend für das Naturhafte dieses Materials, daß Tolstoi, der für seine Romanfiguren immer lebende Vorbilder aus seiner Verwandtschaft und Bekanntschaft wählte, zwar die Lebenswelt der napoleonischen Zeit, die damals ein halbes Jahrhundert zurücklag, mit lebenswahren Romanpersonen bevölkern konnte, aber aufgeben mußte, als er nach »Krieg und Frieden« versuchte, einen ähnlichen Roman über die Zeit Peters des Großen zu schreiben. Das war ein zu großer Abstand. Er begriff, daß er die Menschen dieser fernen Epoche nicht von innen her verstand und mit dem Material seiner eigenen Lebenserfahrung nicht zum Leben erwecken konnte, und so gab er dieses Romanvorhaben auf. Statt dessen schrieb er »Anna Karenina«, einen Roman, der in der Gegenwart spielt und den Gipfel von Tolstois Menschendarstellung darstellt, denn hier war er im Zentrum seiner persönlichen Erfahrungen und seiner gesellschaftlichen Welt.

Es wird Zeit, daß ich von mir und meinem schriftstellerischen Umgang mit lebensgeschichtlichem Material spreche. Und wenn Sie vermuten, ich hätte das mit meinen Überlegungen zu anderen Autoren nicht nur vorbereitet, sondern auch hinausgezögert, dann haben Sie recht. Denn das ist ein heikles Thema, nicht nur, weil tabuisiertes Material dabei zu Tage gefördert wird, sondern auch, weil ein Autor, der sich in die eigenen Karten guckt, die notwendige Spontaneität und Unbewußtheit der Phantasieproduktion durchbricht. Aber ich werde über ältere Texte und Themen sprechen, deren Entstehung zum Teil schon Jahrzehnte zurückliegt, und das sind Texte, deren verborgene Zusammenhänge und Motive durch meinen wiederholten Umgang mit ihnen, etwa bei Lesungen und Diskussionen, für mich selbst durchsichtiger und überschaubarer geworden sind. Natürlich ist das Schreiben selbst immer auch ein reflektierter Vorgang. Die Einfälle kommen spontan, aber doch im Horizont von Themen, vorhandenen oder entstehenden Motivnetzen und literarischen Entwürfen. Sie werden, wenn sie auftauchen, kritisch überprüft, verworfen oder umgearbeitet und in den entstehenden Text und Sinnzusammenhang integriert. Und insofern ist das Schreiben eines Textes auch ein Bewußtwerden vorher verborgener Motivzusammenhänge und Impulse. So werde ich wohl halbwegs darüber sprechen können.

In einem Buch mit dem Titel »Doppelt belichtetes Seestück und andere Texte«, das 1974 erschienen ist, habe ich eine Reihe ganz verschiedener Texte – vor allem Erzählungen, Hörspiele und Gedichte – versammelt, die alle zusammen das Echo einer Lebenskrise darstellen, die damals noch nicht überwunden war, deren dramatischer

Höhepunkt inzwischen aber vier Jahre zurücklag: Ich hatte damals meine Frau und meine Kinder verlassen und war zu einer anderen Frau gezogen. Nach einigen Wochen bin ich wieder zu meiner Familie zurückgekehrt.

Eine Dutzendgeschichte, kann man sagen. Für mich aber eine tiefe, lang anhaltende Erschütterung, die vor allem in dem zitierten Buch sichtbar wird. In der Vorbemerkung des Buches schrieb ich: »Dies alles ist eine einzige Geschichte, die, die am schwersten zu erzählen ist. Doch es ist zweifellos nicht die ganze Geschichte, schon weil sie nicht zu Ende ist, sondern fortgeschrieben, fortgelebt wird, in dem doppelten Sinne, daß man sie fortsetzt und sich dabei wieder von ihrer vorübergehend zutage gebrachten scheinbaren Bestimmtheit entfernt.

Warum ist es so schwer, von sich zu sprechen?

Weil wir uns mit dem Blick der anderen sehen. Weil uns das Angst macht. Weil wir uns nicht kennen, sondern hinter uns zurück und über uns hinaus sind. Weil unsere Sprache gewöhnlich gespalten ist in ein erfahrungsloses allgemeines Reden und das dunkle fragmentarische Murmeln des Traums.«

Ich endete fast programmatisch mit dem Satz: Literatur »will den verborgenen Text sprechbar machen, der unser Leben beherrscht und von dem wir fürchten und hoffen, daß die anderen ihn verstehen.«

Erwarten Sie trotzdem nicht von mir, daß ich mich hier an einer Selbstanalyse versuche. Ich werde über biographische Anlässe von Texten sprechen, über ihre fiktionale Verwandlung und Weiterentwicklung und die allmähliche Entstehung eines motivischen und thematischen Netzes, das es sinnfällig erscheinen läßt, von einem durch alle Texte hindurch sich entwickelnden, übergreifenden Gesamttext zu sprechen. Die verschiedenen Texte des Buches »Doppelt belichtetes Seestück« bilden eine solche zusammenhängende Textfläche. Und die geht wieder über in andere Bücher.

Es gibt Autoren, bei denen das nicht so ist. Das sind Schriftsteller, die aktualitäts- und themenbezogen ihre Bücher schreiben. Bei literarischen Autoren wird es aber wohl immer so sein, daß sie im Laufe ihres Schriftstellerlebens einen die Bücher übergreifenden Metatext hervorbringen, der ihre fortgesetzte und sich wandelnde Auseinandersetzung mit sich selbst und der Welt spiegelt. Die Dynamik, die dahintersteckt, mag aus einem unerledigten Motiv, einer ungelösten Problemlage kommen. Doch nimmt sie allmählich auch Züge einer objektiven Faszination an, die sich immer neue Facetten einer Situation oder eines Geschehens erschließen will.

Um bei dem Beispiel des zitierten Buches zu bleiben: Die Titelgeschichte heißt deshalb »Doppelt belichtetes Seestück«, weil in ihr ein Mann mit seiner Frau eine Winterreise an die belgische und nordfranzösische Küste macht, auf derselben Route, auf der er vor einem Jahr mit einer anderen Frau gefahren ist. Nach dieser Reise hat er sich damals von der anderen Frau getrennt und ist zu seiner Frau und seinen Kindern zurückgekehrt. Doch nun, durch die Wiederholung der Reise, zeigt sich, daß die alte Geschichte noch nicht beendet ist. Bilder beider Liebesbeziehungen überlagern sich wie bei einer Doppelbelichtung, und die Geschichte endet ungelöst in einem emotionalen Patt.

Diese Schlüsselgeschichte des Bandes ist ganz autobiographisch, auch wenn die männliche Hauptfigur mit dem objektivierenden Personalpronomen »er« und nicht als

»ich« bezeichnet wird. Aber das entspricht ihrer Schattenhaftigkeit und Selbstentfremdung in der dargestellten Situation. In der anderen großen Erzählung des Bandes mit dem Titel »Ein Gedicht von der Freiheit«, 1974, ein halbes Jahr später als »Seestück« geschrieben, ist die männliche Hauptfigur ein Icherzähler. Diese Erzählung gehört zur Vorgeschichte des im »Seestück« erinnerten Konfliktes und erzählt einen menschlichen Mißbrauch. Der Icherzähler geht, um sich von seinem unlösbar erscheinenden Konflikt abzulenken, auf das Werben einer Frau ein, die eine neue Orientierung im Leben sucht. Als sie sich scheiden läßt, zieht er sich zurück. Später sieht er sie wieder. Sie hat gerade eine Krebsoperation hinter sich. Diese Geschichte ist eine Radikalisierung einer eigenen Erfahrung. Die weibliche Hauptfigur Isa habe ich aus Gründen der Tarnung aus den Lebensumständen und persönlichen Merkmalen von drei verschiedenen Frauen zusammengesetzt: ein autobiographischer Text, der fiktionale Lizenzen wahrnimmt.

Eine dritte Erzählung mit dem Titel »Wiederkommen«, 1970 auf dem Höhepunkt der persönlichen Krise geschrieben, hat zwar einen autobiographisch bestimmbaren Schauplatz, einen Ferienort in Holland, in dem wir in den ersten Ehejahren oft waren, stellt aber sonst eine reine Fiktion dar. Sie schildert, wieder aus der Perspektive des Mannes, der sich diesmal selbst mit »du« anredet, ein altes Ehepaar, das sich auseinandergelebt hat, aber immer noch an denselben Ferienort fährt. In dem Hörspiel »Die Toten«, aus dem Jahre 1971, macht der Mann, der hier ebenfalls mit »du« angesprochen wird, eine Reise nach Israel, um einer nur undeutlich angedeuteten ehelichen Krise und einer Depression zu entgehen. Er wird in Israel mit der Erinnerung an den kollektiven Tod konfrontiert und reagiert darauf mit einem starken Bedürfnis nach Nähe und Zärtlichkeit. Diese Reise habe ich tatsächlich gemacht, und alle Realien wie Flug, Hotelzimmer und der Gang durch die Stadt sind Reiseeindrücke. Aber das Hörspiel wirkt durch seine Montagetechnik und seine in Einzelstücke zerlegten Zeit befremdlich oder imaginär. Auch durch sprachliche Experimente, zum Beispiel den Versuch, die Toten im Massengrab in der Sprache von Hegels Phänomenologie zu beschreiben und dann unter ihnen das sich umarmende Liebespaar zu erkennen. Das Hörspiel »Null Uhr, null Minuten und null Sekunden«, ein Jahr später geschrieben, stellt eine Folie à deux dar. Ein Mann, der beruflich gescheitert ist, lebt mit seiner Freundin in einer wirklichkeitsflüchtigen Symbiose. Schließlich bringt die Frau sich um und befreit damit den Mann aus seiner Erstarrung. Dieses Stück ist eine reine Fiktion, sowohl was die Lebensumstände der Personen wie das Ende der Frau betrifft. Aber ich glaube, jedenfalls von heute aus gesehen, daß ich in dem Stück mit der Vorstellung experimentiert habe, durch den Tod meiner Freundin aus einer zukunftslosen Situation befreit zu werden und durch meinen Rückzug auch daran schuldig zu sein.

Dies konnte ich aber nur schreiben, indem ich jede psychologische und sachliche Ähnlichkeit mit den autobiographisch auszumachenden Vorbildern vermied, einerseits durch eine stilisierte Darstellung der Situation, andererseits durch eine extreme Pathologisierung der Personen.

Dazu muß ich anmerken, daß sich die meisten Menschen nach meiner Beobachtung nicht in den fiktionalen Gestalten erkennen, denen sie als Vorbilder gedient haben. Kleine Veränderungen, die in der Perspektive der Dargestellten wahrscheinlich negative Verzerrungen sind, genügen schon, um jeden Verdacht zu beschwichtigen. Dagegen habe ich es oft erlebt, daß sich bei Schilderungen problematischer Lebenssituationen viele Menschen getroffen fühlen. Das ist *mein* Problem, sagen sie sofort. Ein Problem haben ist offenbar nicht so kränkend, wie häßlicher oder böser, dümmer, vulgärer oder wahnsinniger zu erscheinen, als man sich selbst einschätzt.

In allen Erzählungen und Hörspielen des Buches »Doppelt belichtetes Seestück« ist die männliche Hauptfigur ein Double oder ein Alter ego des Autors, steht also in verschiedenen Distanzen zum lebensgeschichtlichen Geschehen, das so, stets fragmentarisch, aber insgesamt vieldimensional dargestellt wird, und zwar durchaus mit unterschiedlicher Tendenz. Die erinnerten Situationen und Vorgänge sind teilweise bis zu ihren schlimmsten Möglichkeiten verschärft worden, zum Beispiel in dem zweiten Hörspiel des Bandes, das mit dem Selbstmord der weiblichen Person endet. Aber ein Geschehnis, das, autobiographisch gesehen, ein wichtiges und auffälliges Motiv der zweiten Reise darstellt, die in »Doppelt belichtetes Seestück« geschildert wird, finde ich nicht in diesem Text, und ich kann nicht sagen, ob ich aus Gründen der künstlerischen Balance darauf verzichtet habe oder ob ich davon noch zu sehr geschockt war, um es literarisch gestalten zu können. Es ist erst mit Verzögerung als eine Episode im nächsten Buch und dann noch einmal als Zentralmotiv einer fünfzehn Jahre später geschriebenen Erzählung aufgetaucht, aber in anderen Handlungszusammenhängen und mit ganz anderen Personen.

Ich will hier darüber sprechen, weil es zeigt, wie literarische Motive entstehen, verwandelt und weitergeführt werden. Aber ich muß zugeben, daß es mir immer noch nicht leichtfällt, darüber zu sprechen. Das Leben im Rohzustand ist noch etwas anderes als ein literarischer Text. Machen wir es also kurz. Auf dieser Reise an die belgische und nordfranzösische Küste war die Erinnerung an die gerade erst durchgestandene Ehekrise wieder aufgetaucht und hatte sich in unsere Gespräche gedrängt. In der Normandie gingen wir bei windigem Wetter auf einem Küstenfelsen spazieren. Ich hielt mich, da ich schwindelig bin, in deutlichem Abstand von dem Abgrund. Meine Frau ging, wie üblich, dicht heran, um hinunterzublicken, nicht ungefährlich bei dem böigen Wind. Ich bat sie, von der Felskante wegzugehen. Sie ließ sich Zeit.

Und dann, als sie sich umdrehte, sagte sie: »Alle würden dich für meinen Mörder halten, wenn ich da runterfiele.« Das durchfuhr mich bis ins Mark. Aber ich war Schriftsteller genug, um sofort zu denken, das sei ein Thema für mich. Ich würde einmal darüber schreiben müssen.

Solche Initialreize, die die schriftstellerische Phantasie in Bewegung bringen, haben in der Regel einen doppelten Aspekt: Man weiß oder man spürt, daß da etwas ist, das einen persönlich angeht, und erkennt zugleich, daß die Bedeutung des Motivs über die eigene Existenz hinausreicht und einen viel weiteren Resonanzraum hat. Auch andere Menschen können sich darin erkennen. Oder, um es vom Autor aus zu formulieren: Man weiß, daß man auf ein Motiv gestoßen ist, das plastisch und entwicklungsfähig ist und in sich die Möglichkeit trägt, eine Brücke zu schlagen von der eigenen Erfahrung zum Leben anderer Menschen.

Der Weg läuft in der Regel aber umgekehrt. Man stößt

am Rande der eigenen lebenspraktischen Erfahrung auf ein Motiv, das zum Leben anderer Menschen gehört. Man hat es in seiner Umgebung beobachtet. Oder es ist einem erzählt worden. Vielleicht hat es als eine kurze Meldung in der Zeitung gestanden, anonym genug also, um zu sagen, das geht mich nichts an. Aber jeder Zeitungsleser kennt das flüchtig aufflammende Interesse, das ihn nötigt, einen Bericht, eine Meldung zu lesen. Man will sehen, wie es zugeht im Leben, weil man selbst ein Teil davon ist. Auch wenn man die Neigung spürt, sich herauszuhalten: Sobald man sich aufs Lesen einläßt, ist man schon interessiert, das heißt: zwischen die Dinge geraten, als Teilnehmer, Betroffener oder zumindest als neugieriger Beobachter. Und was man dort im anderen sucht, ist immer auch das eigene Leben. Immer dann, wenn man dieses feine Brennen oder Vibrieren des Interesses spürt, ahnt man, daß in dem anderen Leben, von dem man bruchstückhaft erfährt, etwas Wichtiges für einen selbst liegt.

Meistens wird das eine entfernte Möglichkeit sein, von der man vielleicht träumt oder die man fürchtet, oder die man überhaupt noch nicht gesehen hat, weil sie bisher außerhalb der eigenen Erfahrungen und auch jenseits der eigenen Vorstellungsgrenzen lag. Jetzt plötzlich rückt sie näher heran. Sie war vielleicht schon immer nah, aber unterhalb der Schwellen der eigenen Aufmerksamkeit. Nun auf einmal erfahren wir sie als eine in unserer Person oder in bestimmten Situationen unseres Lebens liegende Tendenz. Und wie erschreckend diese Möglichkeiten auch sein mögen: Man fühlt sich versucht hinzusehen.

Das wäre also die umgekehrte Inspirationsrichtung. Statt in einem persönlichen Erfahrungsmoment den Übergang und Zugang zu dem nur oberflächlich bekannten Leben anderer Menschen zu suchen, erkennt man, daß im anderen Leben auch das eigene mögliche Leben zu entdekken wäre. Und das ist besonders häufig dann der Fall, wenn das Material, das sich einem anbietet, rudimentär und lückenhaft ist. Denn Lücken sind phantasieanregend, da Phantasie unser Vermögen ist, Informationslücken mit eigenem Erfahrungsmaterial hypothetisch auszufüllen. Meistens handelt es sich dabei um frei schwebende Vorstellungen, Bilder und Interpretationsmuster, die irgendwann einmal erworben wurden, sei es durch die praktische Lebenserfahrung oder indirekt durch Lesen oder Hörensagen. Wir wissen in der Regel nicht mehr, woher diese Bilder und Vorstellungsmuster stammen. Sie haben sich aus ihrer Bindung an bestimmte, biographisch auszumachende Erfahrungssituationen gelöst und können deshalb frei kombiniert und plastisch umgeformt werden und so dazu dienen, ganz andere Situationen oder Personen zu verstehen. Wir überprüfen dabei auch unsere Vorstellungs- und Denkmuster auf ihre Erfahrungsfähigkeit, bereichern sie, modifizieren sie, halten sie lebendig und abrufbereit. Das zu erleben ist der Reiz des Lesens und erst recht des Schreibens. Und dies geschieht besonders intensiv und ausgreifend, wenn man aus einem lückenhaften, rudimentären Stoff, der das Vibrieren des initialen Interesses auslöst, eine Geschichte oder einen Roman macht. Die Lücke im Material ist die Rätselfrage, die einen die Sphinx auf Leben und Tod zu beantworten nötigt, auch wenn man vor der Antwort, die man dunkel ahnt, zurückschreckt.

Um zwei Beispiele für die Lückenhaftigkeit von Initialerzählungen anzuführen: Jemand erzählte mir, er habe drei Wochen lang in einem kleinen Speiselokal zu Mittag gegessen und einen intimen Blickkontakt mit der Kellnerin aufgenommen. Gesprochen hätten sie nicht miteinander, aber er habe sich die Frau durch seinen Blick ganz zu eigen gemacht. Ich fragte ihn, warum er jetzt nicht mehr in das Lokal gehe. Nun, er hatte die Frau mit einem anderen Mann gesehen. Aus diesem kleinen Geschehenskern habe ich die Erzählung »Die Augen« aus dem Band »Die Körper und die Träume« entwickelt, eine Geschichte von der Macht der narzißtischen Illusion.

Eine Bekannte erzählte mir folgendes: Sie habe seit längerer Zeit eine Liebschaft mit dem Mann ihrer älteren Freundin, wie sie bisher angenommen und aus dem Verhalten der Freundin geschlossen habe, mit deren Billigung. Aber inzwischen seien sich die beiden wohl wieder nähergekommen, denn der Mann habe angefangen, sich zurückzuziehen. Einem Gespräch darüber sei er bisher immer ausgewichen.

Daraus habe ich die Erzählung »In Erwartung der Gäste« gemacht, die zu demselben Erzählungsband gehört. Während sie auf ihre Gäste wartet, schöpft die weibliche Hauptperson den Verdacht, daß sie das Opfer einer psychologischen Intrige ist. Die beiden anderen haben sie vorübergehend als sexuelles Stimulans für ihre versandete Ehe benutzt. Sie haben als Ehepaar den Ehebruch des Mannes mit der jüngeren Freundin nachgespielt und sind nun dabei, sich von ihr zurückzuziehen. Dieser abgründige Verdacht läßt sich allerdings nicht beweisen, und so wird das Spiel undurchschaut weitergehen.

Ich will jetzt nicht versuchen, mein Interesse an solchen Vorgängen lebensgeschichtlich zu erklären. Ich kann es nicht, und es ist wohl auch nur über viele Zwischenstufen und Übersetzungen möglich. Denn die Aufmerksamkeitsrichtung eines Autors, die sich lebensgeschichtlich entwickelt, objektiviert sich allmählich zu einer Weltsicht, einem Lebensverständnis, das sich von seinem Alltagsleben abzuheben beginnt. Es ist sein Suchmuster, mit dem er die Welt abtastet. Darunter ist allerdings vulkanischer Boden. Aber es ist diese entfaltete und ausgearbeitete Aufmerksamkeit, die einen Autor sogar mitten in dramatischen Lebenssituationen denken läßt: Darüber werde ich einmal schreiben. Das war so, als meine Frau auf der Felsenklippe den erschreckenden Satz sagte: »Alle würden dich für meinen Mörder halten, wenn ich da runterfiele.« Es war aber auch so in einer anderen Situation, die mich emotional wenig berührte und die ich als kühler, aber faszinierter Beobachter erlebte.

Ich hatte während einer Vortragsreise ein Wochenende mit einer Frau verbracht, einer flüchtigen Urlaubsbekanntschaft, die mir ihre Adresse gegeben hatte, mit der Aufforderung, sie einmal zu besuchen. Ich war hingefahren aus Neugier auf ein anderes, mir fremdes Leben, in dem ich irgend etwas Typisches zu sehen glaubte. Als ich die Frau in ihrer alltäglichen Lebensumgebung wiedersah, war sie mir noch fremder als vorher, und so geriet ich mehr und mehr in eine beobachtende Haltung hinein. Es gab da einen Widerspruch zwischen der geschmackvollen Art, mit der die Frau gekleidet war, und der alptraumhaften Abscheulichkeit ihrer Wohnung, die mit plumpen, abgenutzten Möbeln überfüllt war. Dicke Seidenquasten hingen an den Schrankschlüsseln, und auf einem Sessel rekelte sich ein ein fetter, kastrierter Kater. Das Haus lag dicht an einer Bahnstrecke im Ruhrgebiet, und ab und zu fuhr ein langer Kohlenzug vorbei. In der Wohnung nebenan spielte jemand stundenlang Klavier, ein Potpourri aus bekannten Schlagern, Operettenmelodien und Militärmärschen, das sich immer wieder in einem vagen Geplätscher und improvisierten sumpfigen Übergängen auflöste. Dem Verhalten der Frau merkte ich an, daß sie in ihrer düster üppigen Wohnhöhle häufig Männerbekanntschaften empfing, denn es hatte sich ein Ritual aus Gewohnheiten herausgebildet, das inzwischen ähnlich zerschlissen war wie das Potpourri nebenan und über Weintrinken und Tanzen ins Schlafzimmer und ins Bett führte. Das freilich wurde gestört durch hartnäckige Anrufe eines ehemaligen Liebhabers, meines Vorgängers wohl, der auf seine alten Rechte pochte und sie beschimpfte und bedrohte.

Und das brachte mich darauf, das ganze Geschehen in eine Perspektive der Gewalt zu rücken. Wie riskant lebte diese Frau, die immer wieder fremde Männer in ihre Wohnung holte! Wie einsam und ausweglos war diese Situation zweier miteinander eingesperrter, einander fremder Menschen! Lag es nicht nahe, daß dieses getriebene, durch nichts gehaltene und kontrollierte Spiel einmal in einem Desaster endete? Und plötzlich dachte ich: Wenn ich es wäre, der sie umbrächte, könnte ich unerkannt verschwinden und würde wohl nie in Verdacht geraten.

Der Gedanke hatte einen unheimlichen Sog. Er hatte eine fremde, in der Situation liegende Möglichkeit aufgedeckt, die mir immer wieder vor Augen kam, während ich mit der Frau das sich hinschleppende Wochenende verbrachte, und die ganze Zeit dachte ich, daß ich das einmal schreiben würde: Jemand besucht eine Zufallsbekanntschaft, mit der ihn nichts verbindet, und aus den Zwängen des engen Zusammenseins entwickelt sich ein Mord. – Ich konnte wegen anderer Arbeiten nicht sofort damit anfangen, und so hat es schließlich mehr als sieben Jahre gedauert, bis ich den Roman endlich schrieb. In diesen Jahren verschwand das Motiv mehrmals im Hintergrund meines Bewußtseins, tauchte aber nach einiger Zeit plötzlich wieder auf und nahm in meinen Überlegungen die verschiedensten Formen an.

In einer Version war die Tat vor langer Zeit geschehen. Der Täter war ein gescheiterter Student. Da es sich bei der Ermordeten um eine Zufallsbekanntschaft handelte, war er nicht entlarvt worden. Später wird der Täter Schriftsteller und verfaßt einen Roman, in dem er die Tat schildert. Vielleicht – ich war noch unentschieden – vielleicht wurde er dadurch doch noch als der Täter identifiziert. Eine Geschichte also über den Geständniszwang, der eines der treibenden Motive des Schreibens ist. Möglicherweise – so phantasierte ich – konnte man das Buch so suggestiv und hautnah schreiben, daß im Leser eine Unsicherheit entstand, ob der im Roman auftretende Schriftsteller, der sowohl Autor wie Täter ist, nicht wiederum mein Double sei, so daß der Schatten der Mordtat auch über mich fiel. Es lag ein gewisser Kitzel in diesem Gedanken. Aber schließlich gab ich dieses Konzept auf, weil es mir zu ausgeklügelt und artifiziell erschien.

Statt dessen dachte ich weiter über die Tat nach. Was war ihr Antrieb? Wie konnte es dazu kommen? Ich kam schließlich zu dem Ergebnis, daß es eine verschobene Aggression sein müsse. Der Täter meint nicht das Opfer, mit dem ihn nichts verbindet. Diese Frau wird nur das stellvertretende Ziel lange aufgestauter Aggressionen, die eigentlich der Mutter des Täters und einer anderen Frau gelten, von der er sich gedemütigt fühlt. Die lange verdrängte Aggression ist unter dem wachsenden Druck immer neuer Lebensniederlagen zu einem Potential blinder

Wut geworden, das sich in einem krisenhaften Moment an der fremden Frau entlädt. Bis zuletzt hat sie den Täter durch ihre erotischen Rituale in die Enge getrieben, ohne zu ahnen, welche Sprengbombe an Aggression sie sich an diesem Wochenende zum üblichen Sexvergnügen in ihre Wohnung geladen hatte. Der Täter fühlt sich nach dieser Tat leer. Nachdem er eine Woche lang wie in einer inneren Windstille gelebt hat, bringt er sich um.

Als ich dieses Konzept hatte, konnte ich den Roman, der den Titel »Die Schönheit des Schimpansen« bekam, in einem Zug schreiben. Denn wenn man ein starkes Thema hat, zieht es von allen Seiten passendes Material an. Ich erinnerte mich an einen Studienkollegen, der von der Universität verwiesen worden war, weil man entdeckt hatte, daß er seine Doktorarbeit mit nur geringen Veränderungen von einer älteren und, wie er angenommen hatte, vergessenen Arbeit abgeschrieben hatte. Dies Geschehnis machte ich im Roman zum Ausgangspunkt der Lebensniederlage meines Romanhelden, des Studenten Klaus Jung. Auch er begeht eine solche Fälschung, um seine katastrophalen Schreibhemmungen zu umgehen. Nach seiner Verweisung von der Universität gerät er, getrieben von einem Drang zur Selbstbestrafung, als ambulanter Zeitschriftenverkäufer und später als Kassierer von Spielautomaten in ein hoffnungsloses soziales Abseits. Nur durch heimliche Größenphantasien kann er sein Ich noch eine Weile vor dem Zusammenbruch bewahren.

Hinter seiner Schwäche steckt ein Kindheitstrauma. Er hat erlebt, wie die Mutter den Vater mit dessen Bruder betrogen hat, und besonders eine Szene, die er damals nicht richtig verstanden hat, ist tief in ihn eingedrungen. Die

Mutter trat darin als eine Art Hexe auf, die dem Vater etwas Zerstörerisches ins Ohr sagte.

»Der Vater hatte im Sessel gesessen, und sie war von hinten an ihn herangetreten und hatte zwei, drei Finger durch seine Nackenhaare bewegt. Dann sagte sie es: ›Deine Haare stehen ja zu Berge. Das ist auch alles, was bei dir zu Berge steht.‹« Sie sagte es »mit einer wohlklingenden, trägen und nachdenklichen Stimme.« Und genauso habe ich es zwei Jahre nach dem Krieg von meiner jüngsten Tante gehört, einer sehr sinnlichen und selbstgefälligen Frau, die ihren wesentlich älteren, arbeitslosen Mann auf diese Weise vor meinen Augen gedemütigt und mich gleichzeitig erotisch in Bann geschlagen hat.

Lebensmaterialien dieser Art gibt es zuhauf in diesem Buch. Der Anblick meines toten Vaters im Sarg kommt darin vor, sein aufklaffender Mund, den ich immer noch vor mir sehen kann und der in Klaus Jungs Perspektive zu einem Racheschrei wird. (Ich begriff erst nachträglich, daß dies ein Motiv des Hamlet-Dramas ist. Jung hat gedacht, daß die Mutter den Tod des Vaters verschuldet hat, und das hat sein Mißtrauen gegen das Leben begründet, seine Lebensverneinung, die am Ende zum Mord führt.)

Immer, wenn ich an einem Roman oder einer Erzählung arbeitete, habe ich in meiner Erinnerung oder in meiner unmittelbaren Umgebung und meinem Lebensalltag Dinge und Vorgänge entdeckt, die überraschend gut in den entstehenden Text paßten. Es waren Motive, Details oder auch ganze Szenen, auf die ich nicht gekommen wäre, deren mögliche Bedeutung für den Text mir aber sofort einleuchtete. Was ich brauchte, war in mir oder um mich herum immer schon da oder kam mir wie herbeigerufen entgegen.

Bis zur Unwahrscheinlichkeit zugespitzt erlebte ich das, als ich an der »Schönheit des Schimpansen« schrieb. Ich war gerade dabei, Jungs Mordtat an der Frau zu schildern, als ich vor dem Haus das fürchterliche Schreien einer Katze hörte. Da wir selbst eine Katze hatten, lief ich nach draußen und sah, daß ein Schäferhund den alten Kater unserer Nachbarin im Maul trug. Offenbar hatte er ihm das Rückgrat durchgebissen. Der ganze Hinterleib hing wie ein toter Lappen herunter, aber der Kopf des Katers schrie und fauchte, auch als der Hund losließ und der Kater in den Rinnstein fiel. Die weinende Nachbarin bat mich, das Tier zu töten. Ich holte aus unserer Garage einen Krocketschläger für Kinder. Aber meine Hand zitterte, und ich mußte dreimal zuschlagen, und das Tier fauchte mich an, bis ich es richtig traf. Ich war ein persönlicher Freund dieses würdevollen Katers gewesen. Er kam oft zu uns. Und er hatte in unserem Vorgarten geschlafen, als der Hund ihn erwischte. Doch trotz meiner Erschütterung wußte ich sofort, daß ich diese Erfahrung in meinem Roman verwenden würde. Klaus Jung, der die Frau in einem Ausbruch von Gewalt getötet hat, kann nicht aufhören in seiner Raserei und erschlägt auch noch den Kater.

Manche Leser haben das nicht nur als die schockierendste Stelle des Romans empfunden, sondern auch als eine unerlaubte Übersteigerung des Schreckens. Aber ich habe die Szene so geschrieben, weil ich fand, daß in dieser Steigerung der Gewaltszene eine tiefere Einsicht in die innere Verfassung des Mörders zum Ausdruck kam. Klaus Jung kann einfach nicht aufhören mit seiner gewalttätigen Raserei, weil er fürchtet, zu sich zu kommen und erkennen zu müssen, was er getan hat. So wie man sich vor einer unerträglichen Wahrheit in den Wahnsinn flüchten kann, rettet er sich noch für einige Augenblicke ins Außer-sich-sein der Aktion.

Dies war der Gedanke, der sich an das schreckliche Erlebnis mit dem zu Tode verletzten Kater knüpfte. Er machte das Geschehen auf der Straße sofort zu einem Bestandteil des Buches, ordnete es seiner Handlung, seiner Psychologie und seinem Thema zu, und zwar so überzeugend, als hätte es dafür im entstehenden Text immer schon eine leere Stelle gegeben.

Der Text und sein vorauseilender, noch bruchstückhafter und offener Entwurf lenken die Wahrnehmungen des Autors ebenso wie seine Erinnerungen und fügen das biographisch weitverstreute und unterschiedlichste Material im Moment des Schreibens zusammen. Aber die geheimnisvolle unbewußte Regie, die das Kommen und Gehen der Vorstellungen dirigiert, scheint manchmal auch dafür zu sorgen, daß ein Sicherheitsabstand eingehalten wird oder eine Verwandlungspause, so daß manche Motive der eigenen Lebenserfahrung erst wieder auftauchen und erzählbar werden, wenn man die Freiheit gewonnen hat, angstlos mit ihnen umzugehen.

Die verborgene dramatische Substanz, die in dem Ausspruch meiner Frau lag, mit dem sie mich bei jenem Klippenspaziergang hatte schockieren wollen, konnte ich erst sechs Jahre danach in dem Roman »Die Schönheit des Schimpansen« zum ersten Mal formulieren. Jetzt allerdings mit der Steigerung, daß die Frau (es ist nicht das spätere Opfer) dem näherkommenden Klaus Jung »Stoß mich doch runter! Stoß mich doch runter!« entgegenschreit und ihn damit von sich fernhält und bannt. Das ist im Roman eine Szene innerhalb einer langen Kette von Handlungen und inneren Vorgängen, an deren Ende die

Gewalttat steht. In der Erzählung »Augenblicke der Benommenheit«, 1986, fünfzehn Jahre nach dem Klippenspaziergang geschrieben, habe ich die in dem ursprünglichen Satz gewiß so nicht gemeinte, aber doch eingekapselte mögliche Tendenz thematisch entfaltet. Es entstand eine Geschichte über Schwindelgefühle und Schuld, uneingestandene Todeswünsche und die immer wieder einsetzende Verdrängung.

Das Schreiben dieser Geschichte ist mir sozusagen aufgegeben worden, als dieser Satz fiel, der, wäre ich nicht Schriftsteller gewesen, gleich danach wieder vergessen worden wäre, weil er spielerisch und versuchsweise gesprochen wurde, als ein kurzes, provozierendes Aufblitzenlassen einer in der Situation liegenden Möglichkeit. In diesem Augenblick ist ein Bild der Situation belichtet worden, das ich erst viel später aus dem Entwickler zog, um mir nun unangefochten anzuschauen, was darauf alles, wenn man es eindringlich betrachtete, zu sehen sei. Was sich da zeigte, war nicht mehr die ursprüngliche Situation, sondern eine weitergedachte und verwandelte Schattengeschichte, agiert von ganz anderen, ja geradezu gegensätzlich entworfenen Personen. Es war das Andere, das Fremde – doch in jenem offenen und rückbeziehbaren Sinn, der uns im Fremden auch eigene, vielleicht abgewehrte und überwundene Möglichkeiten erkennen läßt.

Auch Klaus Jung, der gescheiterte Student und spätere Mörder aus »Die Schönheit des Schimpansen«, ist fast in allen seinen Zügen als mein Gegenteil beschrieben. Das gilt für sein Aussehen und für seine Lebensgeschichte. Weder habe ich meine Doktorarbeit gefälscht noch habe ich eine Frau umgebracht. Und daß ich einmal eine Katze getötet habe, hatte, wie ich berichtet habe, einen anderen Grund.

Aber unter oder hinter den individuellen Unterschieden gibt es das fundamentale, namenlose Leben, an dem wir alle teilhaben als Menschen, die irgendwann und irgendwo geboren werden und unter Zufallsbedingungen versuchen müssen, ihr Leben zu fristen, einen Platz in der Welt zu finden und, wenn es hochkommt, auch noch nach Erkenntnis und Glück zu streben, um dann irgendwann zu sterben. Millionenfache Versuche, diese fundamentalen Aufgaben der Existenz zu lösen, umgeben und durchkreuzen unser eigenes Leben als Irritationen und Ansporn, Versuchung und Herausforderung, Warnung und Ermutigung. Und so ausformuliert und festgefügt unsere Existenz inzwischen auch sein mag – etwas von dem ganz anderen Leben rings um uns ist immer auch in uns zu finden. Vor allem in krisenhaften Situationen erleben wir, daß unser Dasein in einem Horizont verschiedener Möglichkeiten steht, eine Erfahrung, die beängstigend und befreiend sein kann.

In der nie abreißenden Diskussion, was Literatur denn eigentlich sei und wozu sie uns diene, habe ich sie als eine Bühne für ein imaginäres Probehandeln dargestellt, auf der wir, befreit von den unmittelbaren Risiken und Konformitätszwängen des praktischen Handelns, alle unsere latenten und verborgenen Möglichkeiten entfalten und bis zu ihren extremsten Konsequenzen durchspielen können, um so, über die Blindheiten und Grenzen unserer Alltagserfahrung hinaus, ein vielfältigeres und tieferes Bild des Lebens zu gewinnen. Doch im Gegensatz zum neutralen und überprüfbaren Wissen, das die Wissenschaft produziert, ist die Darstellung des menschlichen Lebens in der Literatur immer persönlich fundiert. Ganz im Sinne von Nietzsches Diktum, daß es vielerlei Augen und vielerlei Wahrheiten gebe, ist es eine Wahrheit des persönlichen Blicks, die aus den besonderen lebensgeschichtlich entstandenen Erfahrungsbedingungen und Resonanzen des Autors entsteht. Nicht über alles kann ein Autor schreiben, und er fühlt sich auch nicht gedrängt dazu. Sein Blick ist selektiv, aber dafür auch besonders insistierend, und bringt so allmählich seine Sicht des Lebens hervor. Und wenn sich ein Autor versucht fühlt, über die Totalität des Lebens zu schreiben, kommt immer ein persönliches Bild des Lebens dabei heraus.

Nach Jahrzehnten des fiktionalen Schreibens kann ich inzwischen erkennen, daß auch ich an einem durchgehenden und sich weiterentwickelnden Thema gearbeitet habe, das rudimentär schon in den ersten Büchern vorhanden ist, um dann schrittweise deutlicher entfaltet zu werden. Es handelt sich um Geschichten von Menschen, die dem Sog einer sich langsam und versteckt anbahnenden Katastrophe erliegen oder zu erliegen drohen, die sie in innerer Ambivalenz zugleich bekämpfen wie unbewußt herbeiführen, weil in der Zerstörung ihres bisherigen Lebens eine ruinöse Lockung liegt. Das stellt sich in der Novelle »Die Sirene« als die Geschichte einer erotischen Einflüsterung dar, die deshalb zu einem fast unentrinnbaren Bann wird, weil der Verführte in der Verführerin die Stimme seiner verleugneten Wünsche hört. In dem Roman »Der Sieger nimmt alles« ist das die Geschichte einer Erfolgs- und Größenphantasie, die mit der Logik eines unbewußten Zwangs zu folgenschweren Irrtümern und Selbsttäuschungen führt, weil die Aufgabe dieser realitätsfremden Phantasien für den Romanhelden die Selbstaufgabe und den Ichtod der Depression bedeutet hätte. In dem Roman »Die Schönheit des Schimpansen« ist der Sog der unbewußte Weg in die Selbstzerstörung und die Gewalttat der letzte Versuch, sich gegen die zerstörerischen Mächte aufzulehnen, obwohl sie natürlich der Sturz in das Ende ist.

Oft bin ich von Lesern gefragt worden, warum ich solche finsteren Geschichten geschrieben habe. Das Schreiben müsse doch sehr bedrückend gewesen sein. Darauf mußte ich eine zweigeteilte Antwort geben. Abgesehen von den konkreten Anlässen und Auslösern, die es immer in meinem Leben gab, hängt die Thematik wohl damit zusammen, daß ich für mein Gefühl ein schwieriges und riskantes Leben geführt habe, das lange Zeit von purer Not und allen Formen des Scheiterns bedroht war. Aber es hat mich keineswegs bedrückt, darüber zu schreiben. Im Gegenteil, es war ein Zuwachs an Kraft und innerer Freiheit, denn schreibend war ich der Meister der selbstgeschaffenen Situation, und ich konnte meinen fiktionalen Doubles, Alter egos und Schatten-Ichs die ganze Erfahrungslast der gefürchteten Katastrophen aufbürden, denen ich selbst bisher entgangen bin.

Das ist im Grunde nichts anderes als ein symbolisches Menschenopfer. An den fiktionalen Figuren wird demonstrativ vollzogen, was wir selbst fürchten und bannen möchten. Sie sind die stellvertretenden Sündenböcke, denen wir alle Lasten und alle Schuld des Daseins aufbürden, damit sie, wie bei einem rituellen Tanz, uns unser Leben und seine Gefährdungen vor Augen führen, um am Ende vom Autor als dem regieführenden Zeremonienmeister begnadigt oder getötet zu werden. Dann kann der Leser das Buch schließen und befreit erkennen, daß er nicht gestorben ist, sondern eine fremde Figur, in der er sich überbietend dargestellt sah und mit der er vorübergehend durch mimetische Einfühlung verschmolzen ist, um dann immer deutlicher die Unterschiede zu erkennen, die es ihm erlauben weiterzuleben. Diese Unterscheidung ist das Ende der mimetischen Kur. Doch sie kann nur wirksam sein, wenn sie durch Phasen der mimetischen Identifikation hindurchgegangen ist. Ich bin es, ich bin es nicht, muß der Leser immer wieder denken. Und nicht anders erfährt es der Autor, der sich, oder Teile, Möglichkeiten seiner selbst, in seinen fiktionalen Figuren aus sich herausstellt, um ihnen einen Prozeß zu machen, der mit dem Todesurteil enden kann.

Ich kann verstehen, wenn humanistisch gesinnte Literaturliebhaber Schwierigkeiten haben, die Literatur in der Nachfolge eines blutigen rituellen Erbes zu sehen. Aber in meinen Augen macht gerade das ihre Kraft und ihre Bedeutung aus. Abgeschwächt und humanisiert durch die Fiktionalisierung, die aus der realen Handlung ein imaginäres Probehandeln macht, lebt in ihr noch ein Echo alter, gefährlicher Formen der rituellen Feste, bei denen es ursprünglich einmal um Leben und Tod ging. Dieses Erbe lebt weiter im mimetischen Element der Literatur, das den Leser zur Einfühlung in Person und Leben der fiktionalen Figuren herausfordert oder auch verführt, um ihnen eine leibhaftigere und umfassendere Erfahrung zu ermöglichen, als es ihnen ein bloß intellektuelles oder kunstsinnig gebildetes Verständnis der Texte bieten kann.

So läßt sich auch voraussagen, daß die als aufgeklärt geltende antimimetische Ästhetik, wenn sie sich endgültig durchsetzt, der Literatur das Leben austreiben wird. Belangloses Textdesign von klinischer Sterilität wird dann an ihre Stelle treten.

Das Geschichtliche und das Private

Aspekte einer Entzweiung

1985

Die Geschichte, so könnte man meinen, ist alles, was geschehen ist. Doch das bekommen wir niemals zu Gesicht. Die in der Geschichtsschreibung überlieferte und im historischen Gedächtnis weiterlebende Geschichte ist nur ein Auszug aus der Vergangenheit. Unendlich viel ist dabei übersehen, unterschlagen, verdrängt und vergessen worden. Bert Brecht hat in seinem Gedicht »Fragen eines lesenden Arbeiters« den Blick auf die Dunkelzonen der Geschichte gerichtet, in denen die Menschen gelebt haben, die in der historischen Erinnerung nur als namenlose Mitglieder von Arbeits- und Kriegsheeren, von Völkern und sozialen Klassen oder als Mengeteilchen der Statistik aufbewahrt sind:

> Wer baute das siebentorige Theben?
> In den Büchern stehen die Namen von Königen.
> Haben die Könige die Felsbrocken herbeigeschleppt?

So beginnt das Gedicht, das mit seinen ironischen Fragen Schritt für Schritt die historische Verdrängung schon als sprachliche Gedankenlosigkeit kenntlich macht. So zum Beispiel in folgender Strophe:

> Der junge Alexander eroberte Indien.
> Er allein?
> Cäsar schlug die Gallier.
> Hatte er nicht wenigstens einen Koch bei sich?

Philipp von Spanien weinte, als seine Flotte
untergegangen war. Weinte sonst niemand?
Friedrich der Zweite siegte im Siebenjährigen Krieg.
Wer siegte außer ihm?

Die Kritik dieses Gedichtes trifft die Historiker heute nicht mehr mit der gleichen Schärfe, weil die Geschichtsschreibung, in Verbindung mit der Sozialwissenschaft, nicht mehr nur die Geschichte der Herrschenden ist, wie es Brechts lesender Arbeiter noch in seinen Geschichtsbüchern findet. Es gibt auch eine Geschichtsschreibung von unten, die sich für das Leben der schweigenden oder totgeschwiegenen Mehrheiten interessiert. Trotzdem sind die grundsätzlichen Defizite untilgbar. Noch die genaueste Rekonstruktion von Vergangenheit ist nur eine Annäherung und muß gegenüber der Wirklichkeit des Geschehens eine Abstraktion bleiben.

Sehr anschaulich hat das Georg Simmel in seinem Aufsatz über »Das Problem der historischen Zeit« dargestellt. Simmel geht davon aus, daß die Geschichte, in Wirklichkeit ein kontinuierlicher Geschehensstrom, von den Historikern in Teilbilder zerlegt wird, in größere und kleinere Verstehenseinheiten, die miteinander eine kausale Kette bilden, in der sie ihren historischen Sinn bekommen. So läßt sich beispielsweise sagen: 1758 gewann Friedrich II. die Schlacht bei Zorndorf, marschierte dann mit seiner Armee in Richtung Sachsen, um die Armee seines Bruders Heinrich zu unterstützen. Durch den Überfall der Österreicher bei Hochkirch erlitt Friedrichs Armee schwere Verluste, aber durch geschickte Strategie konnte er die Verbindung mit der Armee Heinrichs doch noch zustandebringen.

Dies wäre eine mögliche Abstraktionsebene, um die Geschichte des Siebenjährigen Krieges zu erzählen. Er erscheint dann in einem Nacheinander von Geschehenssynthesen, für die wir Begriffe wie Schlacht, Sieg, Niederlage, Marsch und Heeresvereinigung verwenden, ohne uns um die konkrete Mannigfaltigkeit der darin eingeschlossenen Einzelvorgänge zu kümmern. Auf einer noch höheren Ebene der Abstraktion kann man den ganzen Siebenjährigen Krieg zu einer Geschehenseinheit zusammenfassen und in den Zusammenhang der europäischen Staatengeschichte des 18. Jahrhunderts einordnen. Jeder Abstraktionsschritt bringt neue, weitreichende Bedeutungen des Geschehens hervor, macht aber seine Konkretheit allmählich unsichtbar.

Um nicht in leere, verblasene Begrifflichkeit zu entschweben, muß der Historiker auch den umgekehrten Weg der Konkretisierung gehen. So versucht der Kriegshistoriker die einzelnen Phasen einer Schlacht zu rekonstruieren, die Bewegungen der einzelnen Truppenteile im Gelände, ihren Anmarsch, ihre Entfaltung, jeden Angriff, jede Deckung, jede unvorhergesehene Episode, die der Schlacht eine neue Wendung gegeben hat, das Hin- und Herschwanken des Geschehens, schließlich die beginnende Flucht und die Verfolgung des geschlagenen Gegners. Der Gewinn an Anschaulichkeit und Lebensnähe durch eine so detaillierte Rekonstruktion aller Phasen der Schlacht fügt allerdings der Einschätzung ihrer historischen Bedeutung nichts hinzu. Und wenn man den Raster der Beobachtung noch wesentlich feiner einstellte und das Schlachtgeschehen in lauter winzige Episoden und Momentbilder auflöste, ginge der historische Sinn des Geschehens ganz verloren.

Denn obwohl es für den Grenadier A eine Frage auf Leben und Tod ist, ob er beispielsweise im Vorwärtsstürmen stolpert und stürzt und deshalb von einer heranfliegenden Kugel nicht getroffen wird, oder ob ihn die Kugel trifft, als er sich gerade wieder aufrichtet, für den Ausgang der Schlacht ist dieser Vorgang belanglos und gewinnt erst in tausendfacher oder, denkt man an moderne Großkriege, erst in hunderttausendfacher Hochrechnung historische Bedeutung. Abgesehen davon, daß solche einzelnen Episoden in der Regel ohnehin nicht überliefert werden, für den Historiker hätte es auch keinen Sinn, sich auf sie einzulassen, obwohl die Wirklichkeit der Schlacht sich aus allen Bewegungen aller Soldaten und allen Flugbahnen aller Geschosse zusammensetzt, und natürlich auch aus Gefühlen und Gedanken und körperlichen Schmerzen und wildem, verworrenem Geschrei.

Doch hier, jenseits einer bestimmten »Schwelle der Verkleinerung«, wie Simmel sagt, tut sich das Absurde auf. Der Grenadier A, der von einer zufälligen Kugel getroffen wird, stirbt unterhalb der Schwelle des historischen Interesses nur einen statistisch relevanten Tod. Das wäre also die Antwort auf die Fragen des lesenden Arbeiters, weshalb man in den Geschichtsbüchern von den Bauleuten, die die Paläste der Könige erbauten, und von den Soldaten, die in ihren Schlachten kämpften, so wenig erfährt: Sie haben alle nur als namenlose Masse, nicht als einzelne, historische Bedeutung erlangt. Wenn der Historiker die Schlacht in ihren geschichtlichen Dimensionen beurteilen, zum Beispiel ihre Folgen für das politische Machtgefüge beschreiben will, dann muß er über die persönlichen Schicksale der beteiligten Soldaten hinwegblicken.

Hier zeigt sich also ein schneidender Widerspruch zwischen zwei Bedeutungsebenen, eine kaum zu überbrükkende Entzweiung zwischen der Erfahrung des einzelnen Menschen und der Geschichte der Gruppe, des Kollektivs, dem er angehört. Es scheint mir, daß die Literatur eher als die Geschichtswissenschaft dazu geeignet ist, diese Bruchlinien zu zeigen und die Entzweiungserlebnisse anschaulich zu machen. Denn die Perspektive der Literatur erfaßt zwar auch die historischen Dimensionen der Menschengeschichte, aber der Schwerpunkt ihrer Aufmerksamkeit liegt beim Individuellen und Besonderen. Im Unterschied zum Historiker, der auf Belege angewiesen ist, hat nämlich der Romanautor die fiktionale Lizenz, Lücken und Dunkelzonen der Realität mit seiner Vorstellungskraft auszufüllen. Er kann sich zum Beispiel in fremde Nah- und Innenwelten einfühlen und sie als gleichrangige Realitäten zu historisch beglaubigten Szenarien in Beziehung setzen.

Das ist nicht ohne Folgen für die Wahrnehmung. Der Tod eines einzelnen Soldaten, in der geschichtlichen Dimension einer Schlacht oder eines Feldzuges ein belangloses und zufälliges Ereignis, wird auf einmal überwältigend deutlich und wiegt womöglich das ganze übrige Geschehen auf. Die Tieferlegung des Beobachtungsstandpunktes wird unversehens zur Kritik an den Abstraktionen der Geschichtsbücher. Es konfrontiert sie mit einer blutigen und chaotischen Erlebniswelt, in der historischer Sinn kaum noch zu entdecken ist.

Als Beispiel kann die berühmte Darstellung der Schlacht von Waterloo in Stendhals Roman »Die Kartause von Parma« dienen. Das Geschehen war den Lesern des Romans in seinen welthistorischen Folgen bekannt, und das ist sicher heute nicht anders. Bei Waterloo schlugen eine englisch-deutsche Armee unter Wellington und eine preußische unter Blücher die französische Armee und beendeten damit endgültig die napoleonische Ära. Stendhal, der selbst als Militärbeamter unter Napoleon gedient hatte, schildert die Schlacht aus der Perspektive des siebzehnjährigen Italieners Fabrizio, eines jungen Adligen, der ein glühender Verehrer Napoleons ist. Fabrizio will dem aus der Verbannung in Elba zurückgekehrten Kaiser zu Hilfe eilen. Er möchte persönlich teilnehmen, wenn Weltgeschichte gemacht wird. Statt dessen wird er im Biwak der französischen Truppen als Spion verhaftet und soll erschossen werden. Die Frau des Kerkermeisters läßt ihn frei und verschafft ihm gegen Geld Uniform und Ausweis eines im Gefängnis gestorbenen französischen Husaren. Zu Fuß marschiert er auf den Kanonendonner der Schlacht von Waterloo zu, die gerade begonnen hat.

Von nun ab gerät Fabrizio in einen Strudel von Einzelereignissen, auf die er spontan reagieren muß. Er kauft sich ein Pferd und schließt sich einer vorbeikommenden Kavalkade an. Es ist, wie er später begreift, das Gefolge des berühmten Marschall Ney. Mit dieser Truppe reitet er stundenlang kreuz und quer durch das Gelände. Sie kommen über Äcker voller Toter und schreiender Verwundeter, geraten ins Artilleriefeuer und haben Verluste. Einmal stürmt plötzlich eine Reihe rotberockter Engländer heran. Aber sonst sieht Fabrizio nicht viel von der Schlacht, denn sie setzen über Wassergräben und galoppieren durch Waldstücke, und er muß sich aufs Reiten konzentrieren. Napoleon reitet in der Ferne mit seiner Eskorte vorbei. Fabrizio hört die Hochrufe der Soldaten, sieht die wehenden Helmbüsche der Dragoner, das ist alles. Als sie bei einem Feuerüberfall viele Pferde verlieren, wird Fabrizio von mehreren Soldaten gewaltsam aus dem Sattel gehoben. Ein General sitzt auf, und die Kavalkade prescht ohne ihn davon. Das wachsende Chaos der französischen Niederlage umgibt den orientierungslosen Fabrizio. Er schließt sich einer kleinen Gruppe von Soldaten an, schießt einen plötzlich heranpreschenden preußischen Reiter aus dem Sattel, wird von anderen durch einen Wald gejagt. Er versteckt sich im Kornfeld, weil jemand »Kosaken, Kosaken!« ruft, nimmt einem anderen Soldaten mit Gewalt ein Pferd ab, soll schließlich auf Befehl eines Offiziers eine kleine Brücke sperren und wird von den Fliehenden verwundet. Die Anarchie ist ausgebrochen, der ungehemmte Egoismus des Willens zu überleben. Auch Fabrizio verliert mit seinen Kräften seinen Idealismus. Stendhal resumiert das Abenteuer seines Helden mit dem Satz: »Der starke Blutverlust hatte ihm alle romantischen Flausen gründlich ausgetrieben.«

Das ist also die Geschichte einer Ernüchterung, die prototypisch wird für viele spätere Kriegsbücher. Fabrizio lernt den Tod, die Brutalität, die Gemeinheit und das Chaos kennen, und diesen Erfahrungen hält sein jugendlicher Idealismus nicht stand. So zerrissen war das Ganze und so übermächtig das Einzelne, daß ein grundsätzlicher Zweifel an den großen historischen Begriffen in ihm zurückbleibt. In nachklingendem Erstaunen fragt er sich: War das, was ich erlebt habe, eigentlich eine Schlacht? Und war es die Schlacht bei Waterloo?

Auch Tolstoi hat in seinem Roman »Krieg und Frieden« ein solches Erlebnis der Entzweiung dargestellt. Auch hier durchmißt der Held, Fürst Andrej, die ganze Erfahrung von höchster Identifikation mit dem Gesamtschicksal bis zur völligen Abkehr höchst dramatisch in Minutenschnelle. Fürst Andrej ist auch noch ein junger Mann, aber nicht so jung und unreif wie Fabrizio. Er kennt den Krieg und weiß durchaus, daß er sterben kann. Aber in seinem Inneren trägt er einen Traum von höchster Bewährung und Ruhm. Er hofft auf die phantastische Möglichkeit, durch seinen persönlichen Einsatz die Schlacht zu entscheiden. In der Schlacht von Austerlitz, in der die österreichische und die russische Armee der französischen Armee unter Napoleon gegenüberstehen, ist Fürst Andrej Adjutant des russischen Oberbefehlshabers Kutusow. Tolstoi schildert aus wechselnden Perspektiven die Vorbereitung und allmähliche Entwicklung der Schlacht, bis tatsächlich der von Fürst Andrej erträumte Höhepunkt der Bewährung kommt, der ihn freilich weit über sein bisheriges Denken hinaus in eine entgegengesetzte Erfahrung hineinreißt.

Der Moment tritt ein, als die Franzosen, begünstigt durch eine Nebelbank, überraschend die noch nicht gefechtsmäßig entfalteten Truppen des russischen Zentrums angreifen und sofort eine Massenflucht auslösen, in die auch Kutusow und sein Stab hineingerissen werden. Die französischen Infanteristen stürmen schon die russischen Artilleriestellungen, ohne daß kommandolose Reservetruppen in den Kampf eingreifen. Alles scheint verloren. Da hebt Fürst Andrej die niedergesunkene Fahne eines russischen Bataillons auf und reißt die schon entmutigten Soldaten zu einem Gegenangriff mit. Er hört das Pfeifen der Geschosse und das Stöhnen der Getroffenen, die rings um ihn niedersinken. Und auf einmal sieht er, wie ein isoliertes Bild, mitten im Getümmel eine absurde Szene: Ein französischer Infanterist und ein russischer Artillerist ringen verbissen um den Wischer einer Kanone.

Sie müssen beide verwirrt sein, denn es geht ja nicht um den Besitz dieses bedeutungslosen Gegenstandes, sondern um Leben oder Tod. Und tatsächlich sieht Fürst Andrej, der gelähmt vor Erstaunen dem Kampf der beiden zugesehen hat, wie ein anderer französischer Soldat heranstürmt, um den russischen Artilleristen zu töten.

In diesem Augenblick wird er selber getroffen. Er fällt auf den Rücken und erblickt über sich den unermeßlich hohen Himmel und die ruhig ziehenden Wolken. Der Lärm des Schlachtfelds rückt von ihm ab, und noch mit schwindendem Bewußtsein begreift er die Nichtigkeit und Sinnlosigkeit der menschlichen Kämpfe und wundert sich, daß er die andere Wahrheit dieses hohen Himmels und der ruhig dahinziehenden Wolken nie erkannt hat. Es ist, als habe er die Vision eines anderen, richtigen Lebens. Ein tiefes Glücksgefühl, eine große innere Ruhe erfüllt ihn, bevor er das Bewußtsein verliert.

Wenn ich hier an zwei literarischen Beispielen dargestellt habe, wie sich Menschen in dramatischen Erfahrungsprozessen aus den handlungsbestimmenden Überzeugungen ihres gesellschaftlichen Lebenszusammenhanges lösen oder aus ihm herausfallen, dann habe ich die Norm, daß sie zunächst einmal innerlich und äußerlich an ihre Gruppe gebunden sind, stillschweigend unterstellt. Das ist die anthropologische Grundwahrheit, von der wir ausgehen müssen. Die Menschen sind Gesellschaftswesen, nicht nur, weil sie nur im Zusammenhang mit anderen materiell überleben können, sondern auch, weil ihr Selbstwertgefühl, ihre Identität zu einem großen Teil auf der Anerkennung gründen, die sie von den anderen für ihre produktive Teilnahme am gemeinsamen Lebensprozeß bekommen. Sich heldenmäßig auszuzeichnen, wie Fabrizio und Fürst Andrej es erträumen, ist eine der Phantasien, die aus diesem Boden emporschießen können.

Bei den Armeen vor allem vergangener Jahrhunderte war die anschauliche Darstellung der kollektiven Identität durch Uniformen und Fahnen, den Trommelschlag und den Gleichschritt und die Zusammenfassung der Menschen in großen Formationen nicht nur wichtig für die Dirigierbarkeit der Truppenteile, sondern ein entscheidender Faktor des Kampfeswillens. Innerhalb des machtvoll sich präsentierenden Kollektivs fühlten sich die einzelnen geschützt und erhoben und gerieten schon durch den Anblick der Massen, in denen sie mitmarschierten, in einen Rausch. Tolstoi schreibt: »Ein Soldat auf dem Marsche wird von seinem Regiment ebenso umgeben und weitergetragen, wie der Seemann von dem Schiff, auf dem er fährt.« Und weiter: »Jeder Soldat empfand ein angenehmes Gefühl in dem Bewußtsein, daß dorthin, wohin es ging, das heißt in die unbekannte Ferne, noch viele, viele der Unsrigen ebenfalls zogen.«

Die kollektive Identität einer Armee kann sich festigen und auflösen, wenn sie belastet wird. Eine Schlacht ist deshalb nicht nur ein materieller Prozeß, in dem allein Truppen- und Feuerstärken den Ausschlag geben. Sie hat auch ihre massenpsychologische Dynamik. Auf den begrenzten, mit Menschenmassen überfüllten Schlachtfeldern der Vergangenheit wurde das besonders dramatisch sichtbar, und das war in der betont szenischen Kampftaktik auch einkalkuliert. Überraschende Kavallerieattacken und Sturmangriffe auf breiter Front, Trompetensignale, Trommelwirbel und Hurragebrüll sollten den Selbstbehauptungswillen des Gegners erschüttern. In einer wankenden Armee verlieren immer mehr Soldaten den Glauben an die Macht des eigenen Kollektivs und die Autorität ihrer Vorgesetzten. Und im gleichen Maße, wie sie ihre vitalen Interessen nicht mehr im Gesamtschicksal aufgehoben fühlen, privatisieren sich ihre Gedanken. Sie beginnen an ihre eigene Rettung zu denken.

Die Abkehr vom Gesamtgeschehen kann ein rein innerlicher Prozeß sein, wie beim Fürsten Andrej, der eine neue Vision vom Leben hat, die weit von aller Praxis entfernt ist. Die Entzweiung kann sich auch ganz praktisch und trivial zeigen, wie bei den Soldaten in der Schlacht von Waterloo, die mitten im welthistorischen Entscheidungskampf ihren Handel mit den Pferden der Gefallenen betreiben. Indem sie sich vom Gesamtgeschehen abwenden und ihren partikularen Interessen den Vorrang geben, handeln sie im Grunde schon wie Privatleute, und zwar gerade in dem Augenblick, als von ihnen rollengemäß der selbstvergessene Einsatz ihres Lebens erwartet wird.

Es ist natürlich nur eine idealtypische Unterscheidung, Soldat und Privatmann als polaren Gegensatz zu beschreiben. Denn die Soldaten aller Armeen haben immer auch ein scharfes Auge für persönliche Vorteile und private Chancen gehabt, und sie haben sie, notfalls auch unter Umgehung von Verboten, ergriffen. Auch im strengsten Kollektiv hat sich immer wieder eine informelle oder auch subversive Privatheit des Handelns und Denkens gezeigt. Doch in der Rolle des Privatmanns ist die Verfolgung partikularer Interessen und die Entfaltung persönlicher Neigungen und Eigenarten zum Lebenszweck und zur Norm erhoben.

Obwohl es auch in katastrophalen Zeiten überall Nischen von Privatheit gibt, ist der Privatmann eigentlich auf ruhige Zeiten angewiesen. Sein Milieu ist eine Gesellschaft, die auch ohne ihn funktioniert und von ihm nur erwartet, daß er die Minimalforderungen der Gesetze erfüllt und seine Steuern zahlt. Das ist vorzüglich in einer Gesellschaft der Fall, die nicht mehr über Herrschaft und Standesrechte, sondern über das anonyme Mittel des Geldes ihren Lebens- und Wirtschaftsprozeß steuert. Zu ihr gehören die liberalen Ideen vom Nachtwächterstaat, der das private Leben seiner Bürger schützen und möglichst wenig darin eingreifen soll, und die Überzeugung, daß das freie Zusammenspiel der partikularen Interessen der Wohlfahrt des Ganzen diene. Das ist der gesellschaftliche Rahmen für alle Spielarten des bürgerlichen Privatmannes zwischen Glücksritter und Kapitalrentner, Geschäftsmann, Flaneur und Bohemien.

Schauen wir uns die französische Gesellschaft nach 1830 an, in der die Romane von Stendhal, Balzac und Flaubert spielen. Es ist eine Zeit der Prosperität, in der die politischen Errungenschaften der Revolution sich mit den sozialen Privilegien des aufsteigenden Bürgertums mischen. Grundbesitz, Aristokratie und Klerus haben ihren bestimmenden politischen Einfluß verloren. Die Leitfiguren der Epoche sind die Bankiers und Fabrikanten. Der Bürgerkönig Louis Philippe, selber ein großer Spekulant, ruft ihnen und dem gesamten Besitzbürgertum das Stichwort der Epoche zu: »Enrichessez vous!« »Bereichert euch!« Still, wenn auch nicht zufrieden, ist das bonapartistisch denkende Kleinbürgertum, und im großstädtischen Untergrund rumort das wachsende Industrieproletariat, das Potential einer sich vorbereitenden Revolution. Zur Opposition zählen auch die republikanischen oder sozialistisch denkenden Intellektuellen: Advokaten, Journalisten, Künstler und Studenten, die sozial zwischen den Klassen schweben. Zu ihnen zählt auch Frédéric, der Held von Flauberts Roman »Education sentimentale«. Die »Education« gehört zum Typ des Desillusionsromans. Doch bevor ich auf dieses Buch zu sprechen komme, möchte ich noch einen Blick auf ein anderes berühmtes Buch dieses Typs werfen – den »Don Quijote« des Cervantes, das Buch, das die Geschichte des neuzeitlichen Romans eröffnet. Cervantes, der an den Feldzügen Philipps II. teilgenommen hatte und nun als kleiner Steuereinnehmer in ärmlichen Verhältnissen lebte, soll den Roman begonnen haben, als er wegen Schulden im Gefängnis von Sevilla saß. Das Buch ist sicher auch eine Durcharbeitung eigener Enttäuschungen, ein Bekenntnis zu einer realistischen Lebensauffassung, mit dem er sich von seinem Helden unterschied. Denn Don Quijote weigert sich, die Wirklichkeit seines banalen, ereignisarmen und erniedrigenden Lebens anzuerkennen, und flüchtet sich, nach der Lektüre zahlloser Ritterromane, in den Wahn, selbst ein Ritter zu sein, edler Repräsentant eines erhabenen Lebensstils. Und so kämpft er in trotziger Wirklichkeitsleugnung gegen Windmühlen, die er zu bösen Riesen erklärt, und gegen eine friedliche Schafherde, in der er ein feindliches Heer erblickt. Er tut das alles nach Ritterart im Namen seiner idealisierten Geliebten Dulcinea, zu der er ein ahnungsloses Bauernmädchen erkoren hat.

Sein ganzes Leben ist Fiktion. Doch obwohl er aus allen seinen grotesken Abenteuern zerschunden und verlacht hervorgeht, wehrt er alle Belehrungen der Realität ab und beharrt darauf, daß die Wirklichkeiten, an denen er scheitert, von einem bösen Zauberer erzeugte Täuschungen seien. Erst als er und sein Knappe Sancho Pansa durch die Veröffentlichung ihrer Geschichte ein bekanntes Paar geworden sind und die Leute Don Quijotes Wahn ironisch bestätigen, kann er seine Fiktion am Ende nicht mehr aufrechterhalten. Das Phantasiegebilde zerfällt. Don Quijote verwandelt sich in den armseligen Privatmann Alonso Quijano zurück und stirbt an Melancholie.

Die tiefsinnige und beunruhigende Wahrheit des Buches liegt darin, daß es gleichzeitig in zwei Richtungen verstanden werden muß: Es kritisiert nicht nur den wirklichkeitsverkennenden Wahn seines Helden, sondern auch die banale Wirklichkeit, in der für die Ideale des Don Quijote kein Platz ist und ihm nur ein bedeutungsloses Privatleben bleibt, das weit unter den Möglichkeiten seiner großen, verwirrten Seele liegt.

Das läßt sich von Frédéric, dem Helden von Flauberts »Education sentimentale«, nicht sagen. Er ragt nicht als ein Wahnsinniger aus seiner Zeit heraus, sondern ist eher ihr typisches Produkt. Frédéric, der vom Lande stammt, geht zusammen mit seinem Freund Deslaurier nach Paris, um Jura zu studieren. Beide haben jünglingshafte Phantasien von einer bedeutenden Zukunft. Deslaurier will in die Politik gehen, Frédéric möchte Schriftsteller werden. Doch er tut nichts, um diesen Traum zu verwirklichen oder auch nur zu erproben. Im zweiten Anlauf schafft er zwar noch die Promotion, aber dann wird er durch eine Erbschaft aller materiellen Sorgen enthoben und beginnt das müßiggängerische Leben eines Privatiers, der von den Zinsen seines Vermögens lebt. Sein Geld verschafft ihm Zugang zu allen gesellschaftlichen Kreisen. Er verkehrt in der Boheme, in den republikanischen Clubs der Anwälte und Journalisten, und er geht auch in die Salons der reichen Bankiers, wo sich vor allem Großbürgertum und Adel treffen. Überall bleibt er ein Zaungast, der in wohlgepolsterter Gleichgültigkeit dahinlebt und keine der Möglichkeiten, die sich ihm bieten, ergreift. Er könnte eine Stelle in einem Ministerium bekommen oder Generalsekretär einer Bergwerksgesellschaft werden, seine republikanischen Freunde wollen mit ihm zusammen eine Zeitung gründen. Doch alles interessiert ihn nur flüchtig, und da er reichlich Geld zum Leben hat, besteht keine dringende Notwendigkeit, daß er eine dieser Gelegenheiten ergreift. Das Geld, das ihm die Welt öffnet, schließt ihn auch gegen sie ab und läßt ihn in einer diffusen Distanz verharren.

Nur die unerfüllte Liebe zu Madame Arnoux, einer verheirateten Frau, beherrscht ihn. Sie ist das Absolute in seinem Leben. Alles andere – Beruf, gesellschaftliche Karriere, künstlerischer Ehrgeiz und die Politik – verblaßt daneben. Ganz im Gegensatz zu Don Quijote, der sich durch seine Idealgeliebte Dulcinea zu ritterlichen Taten verpflichtet fühlt, wird Frédérics Leben durch seine Liebe zu Madame Arnoux endgültig privatisiert. Als die Revolution im Februar 1848 ausbricht, die zur Abdankung von Louis Philippe und zur Ausrufung der Republik führt, hat Frédéric endlich ein Rendezvous mit Madame Arnoux verabreden können. Er hat ein Zimmer gemietet und für die Liebesstunde hergerichtet und wartet auf der Straße, daß sie kommt, als überall im Viertel der Lärm der Revolution ausbricht. Frédéric weiß, das seine republikanischen Freunde dabei sind und ihn mitreißen werden, wenn sie ihn erblicken, und so versteckt er sich vor ihnen, um auf Madame Arnoux warten zu können. Sein Interesse am Leben ist rein privat geworden und hat sich vom Gesamtschicksal der Gesellschaft abgetrennt. Für ihn ist das, was auf den Straßen von Paris geschieht, nur eine dumme, unerwünschte Störung, die der Erfüllung seines persönlichen Lebenssinnes widersinnigerweise in den Weg kommt.

Er wartet vergeblich auf Madame Arnoux. Sie ist nicht durch die Revolution, sondern durch die Erkrankung ihres kleinen Sohnes daran gehindert zu kommen. Frédéric, der das nicht ahnt, geht verärgert zu der Lebedame Rosanette. Die Revolution erlebt er als unbeteiligter Zuschauer. Er läßt sich mittreiben, als die Massen das Palais Royal erstürmen. Er sieht die Verwundeten und die Toten, wird aber das Gefühl nicht los, er wohne nur einem Schauspiel bei. Nach der Niederschlagung der Revolution sieht man ihn wieder im Hause des Bankiers Dambreuse, wo sich Vertreter aus Großbürgertum und Adel um eine verschwenderisch gedeckte Tafel versammeln. »Man durfte sich wieder dem Genuß all der Dinge hingeben, die man zu verlieren gefürchtet hatte; und Nonancourt verlieh den Gedanken aller Gäste Ausdruck, als er sagte: ›Ah, hoffentlich erlauben uns die Herren Republikaner zu speisen!‹ ›Trotz ihrer Brüderlichkeit!‹ setzte der alte Roque geistreich hinzu.«

Nichts hat Bestand in der Welt des Romans. Alles erscheint hohl, fratzenhaft und sinnverlassen, außer, über Jahrzehnte hinweg, Frédérics Liebe zu Madame Arnoux, die er bei diesem Bankett wiedersieht. Doch auch diese große Emotion bleibt unverwirklicht und erlischt am Ende. Als Madame Arnoux als grauhaarige Witwe Frédéric noch einmal besucht und ihrer Liebe kein äußeres Hindernis mehr im Wege steht, ist seine Resignation schon so weit fortgeschritten, daß er mit kaltem Herzen den endgültigen Abschied akzeptiert.

In seiner bequemen Privatheit hat er nicht nur neben der Geschichte seiner Zeit hergelebt, sondern auch neben sich selber. Und so, ohne Ziel, ohne inneres Zentrum, wird die Zeit zum bloßen Vergehen von Zeit, ein Nacheinander von Episoden, die zum Vergessen bestimmt sind. Die Träume und die Leidenschaften welken. Man wird älter. Das ist alles. Als Fünfzigjährige gestehen sich Frédéric und sein Freund Deslaurier ein, daß sich ihre hochgemuten jünglingshaften Phantasien nicht erfüllt haben. Aber im Gegensatz zu Don Quijote sterben sie nicht an diesem Illusionsverlust, sondern erklären ihn zum Lauf der Welt. So ist das eben: Leben bedeutet enttäuscht zu werden. Das unaufhaltsam fortschreitende Vergessen verwandelt den Schmerz dieser Erfahrung in flache Resignation.

Wie tief das Vergessen reicht, macht der Schluß des Buches deutlich, als beide Freunde sich fragen, was in ihrem Leben das Schönste gewesen sei, und sie sich an einen gemeinsamen Bordellbesuch ihrer Jugendzeit erinnern. Sie hatten sich die Haare kräuseln lassen und für die Bordellwirtin zwei selbstgepflückte Blumensträuße mitgebracht. Frédéric aber hatte Angst bekommen und war wieder hinausgelaufen, und Deslaurier, der kein Geld dabei hatte, mußte ihm notgedrungen folgen. Es war also gar nichts geschehen. Doch sie hatten furchtbar lachen müssen. Und das, darin sind sie sich jetzt einig, war das Schönste, was sie erlebt haben.

In der Perspektive des Desillusionsromans erscheint der Erfahrungsprozeß als ein Schrumpfen. Nachdem die Träume, die Ideen der jugendlichen Phantasie von der Wirklichkeit dementiert worden sind, bleibt ein Mensch ohne Transzendenz zurück, die zufällige, so oder so geartete Person, die nichts außer sich selbst zu vertreten hat. Da sie dem Tod nackt gegenübersteht, ist sie von Nichtigkeitsgefühlen und Angst bedroht, wenn es ihr nicht gelingt, sich einen eigenen Lebenssinn zu schaffen. Das ist, wenn man persönlichen Erfolg hat und in ruhigen Zeiten lebt, keine allzu schwierige Aufgabe. Aber wenn widrige Zufälle, wenn Unglück und Ungerechtigkeiten das eigene Leben belasten oder es im Sog bedrohlicher oder katastrophaler geschichtlicher Prozesse zu versinken droht, dann blickt man, wenn die übergreifenden, sinnstiftenden Perspektiven zerfallen sind, auf das Absurde durch. Mit Albert Camus kann man fordern, die fundamentale Absurdität des Lebens als Bedingung und Herausforderung anzunehmen und wie Sisyphos den schweren Felsbrokken der eigenen Existenz immer wieder hochzuwälzen auf den Berg, auch wenn er immer wieder herunterrollt. Oder man kann angesichts der Übermacht der kollektiven Prozesse das von Gottfried Benn empfohlene zynische Existenzmodell des Doppellebens sich zu eigen machen, das heißt, sich spalten in ein angepaßtes öffentliches und in ein privates Ich, so wie es Millionen von Mitläufern getan haben.

Entfremdung, Vereinzelung und die Versuche, die Entzweiung zwischen dem einzelnen und dem Gesamtschicksal auszuhalten oder zu überbrücken, werden in der Literatur des zwanzigsten Jahrhunderts ausdrücklicher und modellhafter diskutiert als beispielsweise in der phänomenologischen Betrachtungsweise Flauberts. Die Erschütterung zweier Weltkriege und ihre weitreichenden Folgen, aber auch die immer schnellere Umwandlung der Welt durch die Technik und die wachsende Komplexität der politischen, wirtschaftlichen, sozialen Wirkungszusammenhänge, die der einzelne weder beeinflussen noch durchschauen kann, von denen er sich aber abhängig weiß, haben weit verbreitete Gefühle von Fremdheit, Isolation und namenloser Bedrohung erzeugt. Entsprechend mehren sich die Deutungsversuche und Standortbestimmungen, und um so unruhiger und ideologieanfälliger wird die Sinnsuche der Menschen.

Die Unruhe der Übergangszeit hat Robert Musil in seinem Roman »Der Mann ohne Eigenschaften« dargestellt. Ulrich, die Hauptfigur, nennt sich deshalb einen Mann ohne Eigenschaften, weil er der Auffassung ist, alles Individuelle und Eigenschaftliche sei nur noch eine belanglose und zufällige Gratiszugabe zum unpersönlichen konstruktiven Intellekt, denn, so sagt er: »Heute ... hat die Verantwortung ihren Schwerpunkt nicht mehr im Menschen, sondern in den Sachzusammenhängen.«

Ausgerechnet er wird kurz vor dem Ersten Weltkrieg Sekretär eines Komitees, das sich eine restaurative Aufgabe gestellt hat: Es sucht für die festliche Darstellung des österreichischen Vielvölkerstaates nach einer einheitsstiftenden obersten Idee. Diese umfassende Idee wird nie gefunden. Denn kollektive Identität ist etwas historisch Gewachsenes und läßt sich nicht von einem Planungsstab entwerfen. Statt dessen zeigt sich die Gesellschaft Kakaniens, so der ironische Name für das alte Österreich, als ein Gewimmel von Charaktermasken, verrückten Individuen und sektiererischen Gruppen, die alle irgendeinem Privatwahn, einer persönlichen Mystik oder einer improvisierten Ideologie huldigen. Der General Stumm von Bordwehr, ein Mitglied des Komitees, legt in seiner Hilflosigkeit eine Meldekarte für Ideen an und kommt sich zwischen den gesammelten Ideen wie in einem verlausten

Abteil 2. Klasse vor. »Es ist das dreckigste Gefühl von Ohnmacht, das ich kenne. Wenn man sich lange zwischen Ideen aufgehalten hat, juckt es einem am ganzen Körper, und man bekommt noch nicht Ruhe, wenn man sich bis aufs Blut kratzt.« Ulrich wiederum glaubt, daß anstelle des Wirklichkeitssinns der Möglichkeitssinn treten müsse, um Leben und Geschichte zu erfinden und selbst so zu leben, »als wäre man kein Mensch, sondern bloß eine Gestalt in einem Buch, von der man alles Unwesentliche fortgelassen hat, damit sich das übrige magisch zusammenschließe ...« Doch solche identitätsstiftenden Erfahrungen gibt es auch für Ulrich nur noch als private Mystik. Sie haben nichts Allgemeinverbindliches mehr. So ist es exemplarisch für die dargestellte geistige Situation, daß der Roman im dritten und vierten Teil immer mehr auseinanderfällt und ein monumentales Fragment geblieben ist. Eine Synthese des immer mehr auseinderstrebenden Materials konnte nicht mehr gelingen, und so hat das Buch als Ganzes die Wahrheit seines Scheiterns für sich.

Das läßt sich von Thomas Manns »Zauberberg« nicht sagen, denn die Einheit des Ortes – das Sanatorium – hat der widersprüchlichen Menschen- und Ideenwelt dieses Romans einen festen Rahmen gegeben. Die Diagnose ist allerdings ähnlich: Die europäische Geisteswelt, die sich dort im Sanatorium exemplarisch zusammenfindet, zerfällt und löst sich in Gerede auf. Es ist eine Gespensterwelt, der Hans Castorp – in seiner Apathie durchaus ein ferner Verwandter Frédérics – nur durch ein erschütterndes äußeres Ereignis entkommt. Es ist der Ausbruch des Ersten Weltkrieges.

Als Schlußbild dieses Romans, der eine kranke, stillstehende Gesellschaft gezeigt hat, erscheint der Krieg oder, wie Thomas Mann auch sagt, das »Weltfest des Todes«, einerseits wie eine katastrophale Konsequenz, andererseits auch wie eine Kur der gesellschaftlichen Krankheit. Auch Hans Castorp, ein von der gesellschaftlichen Krankheit angesteckter, von Stagnation bedrohter junger Mensch, fühlt sich plötzlich »entzaubert, erlöst, befreit« und meldet sich freiwillig. Auf dem Schlachtfeld von Langemarck sieht man ihn inmitten fallender Kameraden, ein Lied singend, in das feindliche Feuer laufen.

»Sie müssen hindurch, die dreitausend fiebernden Knaben, sie müssen als Nachschub mit ihren Bajonetten den Sturm auf die Gräben vor und hinter der Hügelzeile, auf die brennenden Dörfer entscheiden und helfen, ihn vorzutragen bis zu einem bestimmten Punkt, der bezeichnet ist in dem Befehl, den ihr Führer in seiner Tasche trägt. Sie sind dreitausend, damit sie noch ihrer zweitausend sind, wenn sie bei den Hügeln, den Dörfern anlangen; das ist der Sinn ihrer Menge. Sie sind ein Körper, darauf berechnet, nach großen Ausfällen noch handeln und siegen, den Sieg noch immer mit tausendstimmigem Hurra begrüßen zu können, – ungeachtet derer, die sich vereinzelten, indem sie ausfielen.«

Die Szene verschweigt zwar nicht das Grauen des massenhaften Sterbens, doch klingt das Pathos, mit dem das militärische Kalkül des Massenangriffs beschrieben wird, wie heimliche Zustimmung. Der Text scheint dem Kollektivschicksal, hier also dem militärischen Erfolg, einen höheren Rang und einen größeren Ernst zuzubilligen als dem individuellen Leben der einzelnen Soldaten, die als Kanonenfutter geopfert werden. Nach der morbiden und parasitären Existenz der Sanatoriumsinsassen, die der Roman geschildert hat, wirkt der Romanschluß wie ein heroisches Gegenbild, und das Schlachtfeld erscheint als ein Ort einer höheren Lebensweihe, wo alle individuellen Ängste und privaten Besonderheiten überwunden sind.

Näher als man zunächst vermutet, ist man hier Ernst Jüngers frühen Büchern, den Kriegstagebüchern aus dem Ersten Weltkrieg, die »In Stahlgewittern« und »Feuer und Blut« heißen, und seinen Schriften »Der Kampf als inneres Erlebnis« und »Der Arbeiter«, in denen er diese Erfahrungen theoretisch verarbeitet hat. Jünger, der die Materialschlachten des Ersten Weltkrieges als Infanterieoffizier mitgemacht hat, schildert dort den Krieg als ein weltliches Purgatorium, aus dem ein neuer Mensch hervorgehen wird, von dem alles bloß Private, Individualistische, Bürgerliche abgefallen ist. »Das ist der neue Mensch, der Sturmpionier, die Auslese Mitteleuropas. Eine ganz neue Rasse, klug, stark und Willens voll.« Der Krieg ist die »Große Schule« des neuen Menschen. Hier kann man sich »formen unter dem Zugriff des Weltgeistes selbst.« »Jeder wird mit Notwendigkeit zum lebendigen Teil einer größeren Kraft.« Später hat Jünger zwischen dem Frontsoldaten der Materialschlacht und dem Arbeiter des Industriezeitalters eine innere Verbindung hergestellt. »Das Klappern der Webstühle von Manchester, das Rasseln der Maschinengewehre von Langemarck«, das ist für ihn die Prosa eines neuen kollektiven Zeitalters, in dem das bürgerliche Individuum keinen Platz mehr hat.

Hier ließen sich viele Gegenstimmen zitieren – aus der Lost Generation nach dem Ersten Weltkrieg, zu der zum Beispiel Ernest Hemingway, aber auch Remarque, Ludwig Renn und viele andere deutsche Autoren zu zählen sind, und aus der sogenannten Skeptischen Generation nach dem Zweiten Weltkrieg, zum Beispiel den Gründungsautoren der Gruppe 47 in Deutschland. Aber genauso wie es das »Ohne mich« der ernüchterten Überlebenden gegeben hat, genauso ist auch der Wunsch, seiner zufälligen, privaten Existenz zu entkommen und selbstvergessen im Gesamtschicksal aufzugehen, in unserem Jahrhundert eine massenhaft auftretende Emotion gewesen. Die Menschen meiner Generation haben den Kolonnenschritt und das Heilgebrüll noch in den Ohren.

Doch weder im Rückzug auf sich selbst noch in der Hingabe an ein Kollektiv kann die Spannung überwunden werden, die in dem immer tieferen Gegensatz zwischen der fortschreitenden Vergesellschaftung der Menschen und ihrer ebenfalls fortschreitenden Privatisierung besteht, oder zwischen unserer allseitigen, weltumspannenden Informiertheit und der engen Begrenztheit unserer persönlichen Erfahrung und unseren praktischen Wirkungsmöglichkeiten, zwischen dem auch, was wir zufällig sind, und all dem, was uns an anderen Daseinsmöglichkeiten vor Augen kommt.

Es ist ein tiefer Bruch, nachweisbar in jedem Leben und aus vielen alltäglichen Szenen bekannt. Nur in der terroristischen Aktion hat sich die Vorstellung eines wirkungsvollen persönlichen Handelns erhalten, und wohl deshalb fühlen sich immer wieder frustrierte junge Menschen davon fasziniert. Mit einem Sprung wollen sie von der privaten in die geschichtliche Dimension gelangen, wo der Doppelknall der Explosion und des folgenden gewaltigen Echos in den Medien zu einem grandiosen Existenzbeweis wird: Ich habe etwas bewirkt, also bin ich! Es ist ein Versuch der Selbstheilung von bedrohlichen Gefühlen der Sinnlosigkeit und Nichtigkeit. In der destruktiven Aktion werden sie nach außen gewendet und gegen das Aggressionsziel gerichtet, das kaltblütig vernichtet wird. Der Gegner eines gekränkten Ichs ist immer die ganze übrige Welt. So kann man überall zuschlagen und sich im Recht fühlen.

Eine vergleichbare innere Ausgangslage hat Gottfried Benn auch für die Faszination durch den Krieg verantwortlich gemacht. Er schrieb in seiner Autobiographie »Doppelleben«:

»Wenn man über diesen Krieg und den vorhergehenden Frieden nachdenkt, darf man eines nicht außer acht lassen: die ungeheuere existentielle Leere des heutigen deutschen Mannes, dem nichts gelassen war, was den inneren Raum bei anderen Völkern füllt ... bei Übergängen über Pontonbrücken, kurz vor Sprengungen, vor Zielfernrohren fühlte sich der Individualist als unmittelbare kosmische Katastrophe.«

Verdeckter, weniger dramatisch, doch genau nach demselben Modell verlaufen solche Kompensationen auch heute. Die privaten Depressionen und Zerstörungen machen unempfindlich gegen das allgemeine Unglück. Sie machen sogar süchtig nach Gefahren und Katastrophen und erzeugen eine Gleichgültigkeit gegen den ringsum wütenden Tod. Das hat Nicolas Born in seinem Roman »Die Fälschung« dargestellt. Ein Reporter, der dem stillstehenden Unglück seiner Ehe nicht mehr gewachsen ist, reist in das von blutigen Kämpfen zwischen christlichen und islamischen Milizen zerrissene Beirut. Unbewußt zumindest verordnet er sich die Schrecken der Kollektivgeschichte, um die Schrecken der Privatgeschichte zu vergessen oder zu überwinden. Aber seine Seelenlähmung vertieft sich nur. Der Reporter sieht das Geschehen ringsum mit teilnahmslosen Augen. Er bleibt ein depressiver Privatmann, der Interesse und Engagement nur fingieren kann und immer tiefer in einem Gefühl der Unwirklichkeit versinkt. Alles, was er über die Zustände in Beirut schreibt, ist eine Fälschung.

Neben diesem skeptischen, resignativen Buch erscheint der Roman »Die Ästhetik des Widerstandes« von Peter Weiß als eine gewaltige Willensanstrengung, die Begrenztheit des eigenen Lebens zu überschreiten. Weiß hat sich – darin durchaus dem Ritter Don Quijote verwandt – eine Wunschbiographie erfunden. Sie ist allerdings kein erhabenes Wahngebilde, sondern ein ganz persönlicher Versuch, ein Stück fast versunkener Widerstandsgeschichte gegen Hitler ins Gedächtnis zurückzurufen und das eigene Leben von daher neu zu verstehen. Er, Sohn einer bürgerlichen jüdischen Familie, die sich privat retten konnte, indem sie nach Schweden in ein historisches Abseits emigrierte, hat sich als anderes Ich einen gleichaltrigen Berliner Proletarier erfunden, der im Untergrund gegen Hitler kämpft und zugleich die künstlerischen und geistigen Interessen des Autors teilt.

Das ist eine Konstruktion, die die Grenzen der psychologischen Glaubhaftigkeit überschreitet, aber in ihrem moralischen Impuls auch nicht daran gemessen werden kann. So hätte er leben wollen, bekennt Peter Weiß, solidarisch handelnd zusammen mit anderen, mit denen er nicht nur seinen Glauben an einen noch unverwirklichten menschlichen Sozialismus teilt, sondern untrennbar davon auch seine künstlerischen Neigungen und Überzeugungen, die er mit dem Titel des Romans als eine »Ästhetik des Widerstandes« bezeichnet. Denn Kunst ist für ihn nicht mehr individuelle Selbstverwirklichung, sondern Medium des Widerstandes gegen Unterdrückung, Ausbeutung und Gewalt.

Weiß kommt auf einem lebenslangen Gedankenweg zu diesem Schluß, mit dem er bewußt von den Jahren seiner individuellen Sinnsuche abrückt, den Sackgassen privater Neurosen, aus denen er sich trotz angestrengter Selbstreflexion nicht hatte befreien können. Immer wenn er sich in seinen früheren autobiographischen Büchern über sich selbst gebeugt hatte, war er darauf gestoßen, daß ihn seine bürgerliche Herkunft verstümmelt, gefesselt und am Leben gehindert hatte. Er fühlte, daß er nicht wirklich lebte. So mußte es ihm am Ende triftig erscheinen, das wahre Leben alternativ zu entwerfen. Daß aber auch dies, trotz aller Realitätshaltigkeit des Buches, eine Art von Nichtleben war, wird spürbar an einer Stelle der Notizbücher: »Ich bin ein Schizophrener, halt mich seit mehr als 8 Jahren aufrecht mit diesem Roman-Leben. Es ist, als sei das künstlich Erzeugte zu meinem einzigen Leben geworden.«

Die Monumentalität des Buches und die moralische Autorität seines Autors könnten allerdings zu einer normativen Verhärtung seines Appells führen, und so muß ihm hier auch widersprochen werden. Das wahre, das ideale Leben bleibt ein abstraktes Konzept. Jedes Leben hat vielmehr seine eigene Wahrheit, und die muß nicht so aussehen wie der persönliche, lebensgeschichtlich begründete Entwurf von Peter Weiß. Momente der Wahrheit, des Gelingens, der Richtigkeit, des Glücks kann es überall und jederzeit geben, und sie können ganz privat sein. Von außen gesehen mögen sie banal und primitiv erscheinen wie die Behaglichkeit des Penners, der auf einer Parkbank eine Flasche Bier trinkt und der Welt den Rükken kehrt. Doch auch er kann in seinem kleinen unbedeutenden Szenarium ein authentisches Leben führen, und zwar gerade deshalb, weil er gar nicht erst auf die Idee käme, nach Authentizität zu suchen. Das wahre Leben findet jedenfalls nicht nur in den historisch bedeutsamen Situationen statt. Oft leuchtet neue, eigene Wahrheit erst in der Abspaltung, in der Desillusionierung, in der bewußten, persönlichen Unterscheidung auf. Als Fürst Andrej die gesunkene Fahne hochreißt und dem Feind entgegenstürmt, handelt er fast automatisch nach einem gesellschaftlichen Programm, und erst im Augenblick seiner Verwundung, als er über sich den Himmel und die langsam ziehenden Wolken sieht, gewinnt er eine eigene Einsicht in das Leben.

Und was eigentlich lernt der hochgemute, idealistische Fabrizio auf dem Schlachtfeld von Waterloo? Daß das Leben weitergeht, wenn die welthistorischen Perspektiven zerfallen. Man muß Hunger und Durst stillen, seine Wunden pflegen, man braucht ein Bett. Durch seinen eigenen geschwächten Körper wird Fabrizio darüber belehrt, daß die elementaren Gewißheiten vom Sinn und Unsinn der Geschichte nicht berührt werden.

Schauen wir uns auch noch einmal Frédéric an, den privaten Müßiggänger aus der »Education sentimentale«. Wenn er lieber Madame Arnoux trifft als an der Revolution teilzunehmen, dann hat er ein Recht dazu. Denn die Liebe zu dieser Frau ist sein Zugang zum Absoluten. Darin erfährt er das Leben. Frédéric könnte die egozentrische Evidenz seines Gefühls mit einem frivolen Vers von Heinrich Heine ausdrücken, der unverhohlen sagt, daß Leiden schaft und erotisches Glück auch völlige Abgrenzung vom Schicksal der anderen bedeuten können:

Die Toten stehen auf, der Tag des Gerichts
ruft sie zu Qual und Vergnügen.
Wir beide bekümmern uns um nichts
und bleiben umschlungen liegen.

Würde man Frédéric fragen, was er sich von der Revolution erhoffe, dann würde er zweifellos antworten, die Erfüllung seiner Liebe zu Madame Arnoux. Tatsächlich gewinnt er durch die Revolution die Liebe einer Frau. Sie, Rosanette, ist allerdings nur ein Ersatz.

Der skeptische Realismus Flauberts scheint also doch Adornos These zu bestätigen, daß es kein richtiges Leben im falschen gebe. Doch sein Realismus läßt nicht die utopische Ausdeutung dieses Diktums zu, daß ein richtiges, ein wahres Leben als allgemeiner gesellschaftlicher Zustand institutionalisierbar sei. Das ist nicht nur Flauberts Weltsicht. Wenn man die gesamte Literatur zum Zeugen aufruft, dann stellen die in ihr aufbewahrten Erfahrungen der Schriftsteller das Diktum Adornos auf den Kopf: Ja, es gibt Glück, Gelingen, Richtigkeit des Lebens, doch immer nur als Augenblick und Enklave, umgeben von Unglück und Scheitern, also mitten im Falschen. Woran sollte man das Falsche auch erkennen, wenn es nicht überall, und gerade im ganz Privaten, Enklaven von Sinn gäbe? Wie hätten die Menschen, ohne den Vorrang und die Tröstungen der Nähe, die Schrecken der Kollektivgeschichte überhaupt überstehen sollen?

Doch indem man das sagt, meldet sich auch Widerspruch. Denn auch in unserer Privatheit bleiben wir Teil der menschlichen Überlebensgemeinschaft, und deshalb ist selbstgenügsames, blindes Glück mitten im Unglück anderer schon wieder Schuld. Es ist eine Wahrheit wie ein

Umspringbild. Sie verweist auf einen Bruch, der mitten durch unsere Existenz geht.

Die gegenwärtige Formation dieses Widerspruchs ist das achselzuckend in Kauf genommene Wissen um die finalen Tendenzen der geschichtlichen Entwicklung. Alle wissen, daß ungehemmtes industrielles Wachstum, Raubbauwirtschaft und die weltweite Bevölkerungsvermehrung die Lebensbasis der Menschheit immer schneller zerstören und uns, wenn nicht alle diese Prozesse gestoppt werden, unvermeidlich in die ökologische Katastrophe führen. Doch das Handeln der meisten folgt scheinbar unbeirrt kurzfristigen, egoistischen und partikularen Interessen. Da alles mit allem zusammenhängt und niemand sagen kann, wie der notwendige weltweite Wandel politisch, kulturell, technisch und industriell zu bewirken wäre, ermüden die moralischen Impulse, und die Phantasie wendet sich wieder dem Naheliegenden und Privaten zu. Der individuelle Tod, der vermutlich früher eintreten wird als der Kollaps des Ganzen, flüstert uns ein, weiterhin Schulden auf Kosten der allgemeinen Zukunft zu machen. Ungestraft geschieht das nicht. Schon jetzt sind wir umgeben von Zerstörung, und die Devise »Nach uns die Sintflut« führt zum Verfall der moralischen Kultur. Keine noch so sorgsam umgrenzte private Idylle wird darin dauerhaft bestehen bleiben.

Ein unbestimmtes Etwas im Dunkeln

Wie Spannung entsteht und was sie bedeutet

1989/1992

Stellen Sie sich vor, Sie sind auf einer Geschäftsreise in einem tropischen Land und kommen abends in Ihr Hotelzimmer. Es ist schon fast dunkel, aber Sie können kein Licht einschalten, denn die Stromversorgung ist vorübergehend unterbrochen. Das Zimmer liegt zu ebener Erde, und Sie treten ans Fenster und blicken in den Hotelgarten. Der Rasen, die weißen Gartenmöbel, die Palmen und die anderen tropischen Gewächse bilden die übliche Kulisse, die Sie vielleicht von anderen Reisen oder aus Filmen kennen. Es ist reizvoll, den Garten in dieser Dämmerstunde zu betrachten, während er sich selbst überlassen scheint. Ein Mann und eine Frau kommen jetzt über den Rasen und gehen auf das Hotel zu. Sie haben die beiden schon in der Hotelhalle gesehen, wo sie sich in einer Sprache unterhielten, die Sie nicht verstanden haben. Der große Altersunterschied läßt Sie denken, der Mann könne der Vater der jungen Frau sein. Aber sie gab sich im Vorbeigehen eher wie seine Geliebte. Einen Augenblick lang versuchen Sie darüber nachzudenken. Weil das zu nichts führt, kommen Sie bald davon ab und richten Ihre Gedanken auf das bevorstehende Abendessen mit Ihrem Geschäftspartner, der Sie in sein Haus eingeladen hat. Dabei fällt Ihnen ein, daß Sie vorher noch zu Hause anrufen müssen. Doch zwischen Ihnen und Ihrer Frau gibt es im Augenblick ein Problem, zu dem Sie noch nichts sagen können, und so schieben Sie das wieder in den Hintergrund und wenden sich der Gegenwart zu.

Die Reise schützt Sie vor Ihren ungelösten Problemen, gewährt Ihnen Aufschub und Distanz. Doch die unbeantworteten Fragen bleiben im Hintergrund anwesend und werfen einen Schatten über die Gegenwart. So haben Sie beispielsweise das fremde Paar im Garten beobachtet als jemand, der zu Hause ein Problem hat. Die beiden fremden Menschen waren zwar im Augenblick das »Thema« Ihres Bewußtseins, aber Ihre Probleme zu Hause und Ihre jetzige Reise und Ihre übrigen Lebenszusammenhänge bilden den »Horizont« Ihrer momentanen Wahrnehmungen und Gedanken. Der Horizont wird die Auffassung des Themas mitprägen. Umgekehrt kann ein thematisch werdendes Motiv auch den weiteren Horizont ins Bewußtsein rufen. Das fremde Paar im Hotelgarten erinnerte Sie an Ihre eigene Ehe. Vielleicht haben Sie in den beiden das Bild Ihrer verborgenen Wünsche gesehen.

Wünsche lassen an Möglichkeiten der Wunscherfüllung denken. So kommen Sie wieder auf den heutigen Abend zurück und den erhofften geschäftlichen Erfolg. Dieses Thema zerfällt sofort in Unterthemen, deren Horizont Ihr dringender Wunsch ist, Erfolg zu haben. Sie fragen sich zum Beispiel, wie Sie Ihren Gastgeber und künftigen Geschäftspartner als Person einschätzen sollen, und überlegen sich noch einmal Ihren Verhandlungsspielraum, Ihren Kreditrahmen und Ihre Verhandlungsstrategie.

Das alles ist Ihnen in wenigen Augenblicken durch den Kopf gegangen. Ihr Denken vollzog sich als dauernder Themenwechsel vor unterschiedlich tief gestaffelten Horizonten, verbunden oder getragen von einer gemeinsamen Grundstimmung der Erwartung und Ungewißheit. Es ist eine Spannung, die davon herrührt, daß augenblicklich in

Ihrem Leben vieles in der Schwebe ist. Das Leben erscheint Ihnen in diesen Minuten als ein Feld unerschlossener Möglichkeiten.

Doch nun wird es Zeit, zu duschen und sich umzuziehen. Und indem Sie sich aus Ihren Tagträumen losreißen, nimmt die Situation plötzlich durch ein neues Element eine neue Qualität an. Ein Schock trifft Sie, der alles bisher Gedachte in den Hintergrund drängt und Ihre ganze Aufmerksamkeit auf einen Punkt konzentriert ... Wie gesagt: Wir befinden uns in den Tropen, in einem Hotel mit Stromausfall. Es ist schon ziemlich dunkel, als Sie sich am Fenster umdrehen. So können Sie nicht genau erkennen, was Sie doch in diesem Augenblick erstarren läßt: In einer Zimmerecke liegt ein geringeltes Etwas, das nicht dorthin gehört. Es ist lautlos dort aufgetaucht. Wenn es schon da war, als Sie das Zimmer betreten haben, sind Sie dicht daran vorbeigegangen. Eine Schlange, denken Sie. Aber das geringelte Etwas regt sich nicht. Und so ergibt sich eine zweite Interpretation. Es könnte auch ein Seil sein, das jemand dort vergessen hat. Zwischen diesen beiden Deutungen schwankend, werden Sie nach einer Möglichkeit suchen, die eine oder andere Vermutung zu falsifizieren, etwa indem Sie ein Licht anzünden oder aus gebührendem Abstand einen Gegenstand in die Ecke werfen, in der das zusammengeringelte, geheimnisvolle Etwas liegt. Ich wünsche Ihnen, daß es ein Seilknäuel ist, so unwahrscheinlich das auch sein mag.

Das noch unerkennbare, geheimnisvolle und bedrohliche Etwas, das jemand eines Tages bei einem ihm bisher vertrauten Menschen oder bei sich selbst entdeckt, wollen wir das »Problem« nennen. Es kann ein äußerer Sachverhalt oder ein inneres Motiv sein – wichtig ist, daß von ihm eine Beunruhigung ausgeht, eine Störung, eine Irritation, die die eingespielten Gewohnheiten und Gewißheiten eines Lebens ins Wanken bringt. Das kann schlagartig geschehen, mit unabsehbaren, katastrophalen Folgen, oder schleichend und unterschwellig, wie ein allmählich sich vollziehender Stimmungswechsel, eine in ihrer Tiefenstruktur erst viel später erkennbare Veränderung.

Eines Tages erlebt ein tüchtiger Beamter, daß nicht er die erhoffte, für sicher gehaltene Stelle des Amtsdirektors bekommt, sondern ein von auswärts kommender jüngerer Mann, den er nicht akzeptieren kann und der nun sein Chef ist. Das färbt sein ganzes Leben, Vergangenheit und Zukunft, neu ein, und nun muß er versuchen, darauf eine Antwort zu finden. – Eines Tages überrascht ein Mann seine Frau mit dem Kauf eines Ferienhauses. Statt sich zu freuen, wie sie es eigentlich erwartet hätte, empfindet sie nur heftigen Widerwillen bei der Vorstellung, Jahr für Jahr mit ihm dorthin zu fahren. Von nun an muß sie erkennen, daß Ihre Ehe für sie ein Gefängnis ist. – Eines Tages bekommt jemand eine tödliche Diagnose. – Eines Tages nimmt jemand fremdes Geld an sich. – Eines Tages erinnert sich jemand an eine kleine Episode in seinem Leben, die er falsch verstanden hat, und auf einmal ändern sich alle Perspektiven. – Eines Tages hört jemand, wie sein vermeintlicher Freund eine abfällige Bemerkung über ihn macht. – Eines Tages tritt jemand aus Versehen auf seine neue Brille, und plötzlich muß er sich eingestehen, daß ihm sein ganzes Leben zuwider ist.

Es sind also immer destabilisierende Momente, mit denen der Prozeß der unabsehbaren Veränderung beginnt, der immer auch ein Erkenntnisprozeß ist, gerade dann, wenn eine bisher gut eingespielte Weltsicht und ein vermeintlich fest gegründetes und bestätigtes Selbstbild ins Wanken geraten. Während wir beim Lesen einer Erzählung, eines Romans einer fiktionalen Person Schritt für Schritt auf ihren verschlungenen Wegen folgen, lernen wir immer neue Aspekte der Situation kennen. Doch je mehr wir erfahren, desto schwieriger wird vermutlich die Beantwortung der Frage, was es war, das da anfangs im Dunkeln gelegen hat, denn das wird durch das Fortschreiten der Geschichte fortschreitend modifiziert. Und solange dieser Prozeß in Gang ist, werden wir in Spannung gehalten. Beim sogenannten offenen Schluß, der die Widersprüche, die Vieldeutigkeit und Ungewißheit, die uns zu Anfang in das Geschehen, die Geschichte hineingezogen haben, auf einem neuen Niveau der Erfahrung wiederherstellt, dauert die Spannung über das Ende hinaus an.

Unüberschaubare, widersprüchliche Situationen und Prozesse mit ungewissem Ausgang versetzen uns in Spannung. Umgekehrt erzeugen Alltagstrott, dauernde Wiederholung des Gleichen, Risikolosigkeit und Voraussehbarkeit Langeweile. Psychologen bezeichnen Situationen, in denen man sich auf seine Gewohnheiten verlassen kann, als gut definiert. Wozu es eine wichtige Voraussetzung ist, daß man die Einschätzung der Situation und den Umgang mit ihr mit den Menschen seiner Umgebung teilt. Es ist ein großer Überlebensvorteil in einer stabilen, gemeinsamen Welt zu leben, in der fast alles voraussehbar und erwartbar ist, denn das erleichtert die Verständigung und die Zusammenarbeit und gibt fast dem ganzen Leben die beruhigende Problemlosigkeit der Routine.

Doch inmitten der Sicherheit einer gut definierten, geregelten Welt droht die entgegengesetzte Gefahr, daß das Leben so fade und schematisch wird, als fände es gar nicht mehr statt. Die Lebensimpulse schrumpfen zu einer kleinen, trüben Sparflamme, und die Wahrnehmung des Lebens verflacht, denn wo alles bis zum Überdruß bekannt ist, lohnt es sich nicht mehr hinzusehen. Es ist ein Zustand, der einer larvierten Depression gleicht.

Die Menschen antworten auf ihre zivilisatorische Befriedung und Domestikation, indem sie sich künstliche Risiken und Herausforderungen schaffen, und zwar nicht nur die Prüfungen und Sensationen sportlicher Wettkämpfe und inszenierter Abenteuer oder die Risiken von Glücksspielen, sondern auch Abenteuer des Geistes und der Phantasie, bei denen sie sich aus dem Schutz ihrer alltäglichen Routinen weit hervorwagen. So ist es die Hauptstrategie der Literatur, die gut definierten Situationen in Frage zu stellen und aufzulösen und das Undefinierte, Unabsehbare an ihre Stelle zu setzen. Wir werden dadurch genötigt, das Leben jenseits unserer Gewohnheiten aufs neue wahrzunehmen. Anders ausgedrückt: Literatur erneuert und vertieft unsere Erfahrung, indem sie unser vermeintliches Bescheidwissen problematisiert und in eine Krise führt.

Weil jede Ordnung nicht nur Sicherheit gewährt, sondern auch einengt, empfindet man es als einen belebenden Freiheitsreiz, wenn eingeübte Erfahrungsmuster in der Fiktion durchbrochen werden oder sogar außer Kraft geraten. Es ist, als würde man in eine fremde Stadt verschlagen und müsse in der fremden, undurchschauten Realität ein neues, eigenes Sinnmuster etablieren, bis die verstreuten Einzelheiten wieder vor einem verläßlichen Horizont stehen.

Erinnern wir uns an unser Beispiel, den Mann im dunklen Hotelzimmer. In seiner Lage ist auch der Leser, der ein Buch aufschlägt: Er tritt in eine fremde Welt und muß versuchen, sich zu orientieren. In unserem Beispiel wird die anfängliche Fremdheit des Wahrnehmungsfeldes durch den besonderen Umstand des Stromausfalls verschärft. Alles ist undeutlich, und das geringelte Etwas in der dunklen Ecke läßt sich nicht bestimmen.

Das erste Detail eines Buches kann aber auch gestochen scharf sein und doch total irritierend wirken, weil wir den Bezugsraum nicht sehen können, in den das Detail gehört. Ein extrem enger Bildausschnitt, der es einem unmöglich macht, den Zusammenhang zu erkennen, in den die isolierten Einzelheiten, die wir sehen, hineingehören, erzeugt ein Gefühl der Bedrohung. Wir fühlen uns wie jemand, der, nur bewaffnet mit einer kleinen Taschenlampe, in einen dunklen Raum eindringt, von dem er nicht weiß, was er enthält. Aus vielen Kriminalfilmen kennen wir diese Szene, die nie ihre Wirkung verfehlt. Eine Spur von dieser Spannung liegt über jedem Anfang. Das gilt sogar für einen so trivialen und simplen Satz, wie ihn Patricia Highsmith an den Anfang ihres Romans »Der Stümper« gestellt hat: »Der Mann in der dunkelblauen Hose und dem moosgrünen Sporthemd wartete ungeduldig in der Reihe.«

Das ist, für sich genommen, völlig bedeutungslos. Man muß weiter lesen, um etwas damit anfangen zu können. Die Bruchstückhaftigkeit und Unselbständigkeit des Satzes stellen also seine weiterdrängende Kraft dar. Mindestens vier Fragen sind in ihm enthalten, die uns zum Weiterlesen anregen: Wer kleidet sich so? Worauf wartet dieser Mann? Wo und in was für einer Reihe steht er? Und wer sieht diese Szene? Alles das bleibt noch verborgen, nicht, weil die Autorin es absichtlich im dunkeln ließe, sondern weil der erste, noch isolierte Satz unsichtbar umgeben ist von allem, was noch nicht gesagt werden konnte. Der Saum der Unsichtbarkeit wird erst zurückweichen, wenn man weiterliest. Und vermutlich werden wir weiterlesen, weil wir Unvollständigkeiten, Lücken, fehlende Zusammenhänge schlecht ertragen und die angedeuteten Linien so weit ausziehen möchten, bis sich eine Gestalt ergibt. Freilich werden wir nur so lange weiterlesen, wie durch die wachsende Komplexität der imaginären Szene immer neue Differenzierungen und Unbestimmtheiten entstehen.

Da die Welt extensiv und intensiv unausschöpfbar ist, kann es da keine endgültige Grenze geben und außer dem Tod kein objektives Ende. Schon in der kurzen Zeit, in der wir in unserem Eingangsbeispiel den Mann im Hotelzimmer beobachtet haben, hat sich ein vieldeutiges und variables Netz aus Gedanken, Wahrnehmungen, Vermutungen, Nähe und Ferne, Vergangenheit und Zukunft entwickelt. Seine geschäftlichen Pläne und seine ehelichen Probleme, seine Eindrücke von seiner neuen Umgebung, das fremde Paar im Garten, seine Wünsche, seine Ängste – alles korrespondiert miteinander und deutet mögliche Relationen an. Aber die Beziehungen sind flüchtig und hypothetisch und münden in Dunkelzonen, in denen sich nicht sicher erkennen läßt, ob etwas ein Seil oder eine Schlange ist. Schon in dieser kurzen Frist, in der sich der entstehende imaginäre Raum noch kaum füllen und bevölkern konnte, haben wir in die unendliche Ausdeutbarkeit des Lebens geblickt, die die phantastischen Kombinationsmöglichkeiten des Schachspiels, das im Unterschied zum Leben immerhin feste Regeln und genau definierte und abgezählte Figuren hat, ins Aberwitzige übersteigt.

Es ist diese abgründige Unendlichkeit des Möglichen, die uns nach Sinnmustern und Ordnungsstrukturen suchen läßt, die das Chaos bändigen. Doch soll uns der Text das schwermachen. Denn entdecken wir die Ordnung zu leicht, ist das Muster zu simpel, dann empfinden wir den Text als langweilig, abstrakt und trivial.

Geistige Spannung entsteht also durch Vermehrung der problematischen Möglichkeiten. Das ist ein viel anspruchsvollerer Vorgang als die Reihung überraschender Ereignisse, mit der der Aktions- und Abenteuerroman, der gemeinhin als spannende Lektüre gilt, seine Leser zu fesseln versucht. Gerade die rasche Abfolge der einzelnen Schocks verrät, daß bei dieser linearen Reihungsdramaturgie Spannung nur punktuell entsteht und gleich wieder verpufft. Ganz anders verhält es sich mit einem Problemfeld, in dem es vielfältige, wechselseitige Abhängigkeiten und Beziehungen gibt, die von einer gemeinsamen Grundspannung gespeist werden.

Ein einfaches Modell eines solchen komplexen Problemzustandes bietet die klassische Detektivgeschichte. Ein rätselhafter Mord am Anfang erzeugt den irritierenden Zustand eines allseitigen Verdachts. Da es keine klaren Spuren und Hinweise gibt, muß der Detektiv vielen Spuren folgen. Dabei zeigt sich, daß es im Leben der meisten Menschen dunkle Winkel gibt, in denen eine zusammengeringelte Schlange liegen könnte. Allmählich verrutschen die bürgerlichen Sozialmasken, und fast alle Menschen sehen wie potentielle Mörder aus. In der Praxis könnte man in einem so vieldeutigen Zustand nicht lange leben, denn wenn von jedermann alles zu erwarten ist, droht der Kollaps eines totalen Vertrauensverlustes. Deshalb muß der Detektiv als letzte Sicherheitsreserve der Gesellschaft durch systematische Spurensuche und rationale Informationssynthese den allseitigen Verdacht einengen, bis zum Schluß der Täter entlarvt ist. Die unerträgliche, unlebbare Komplexität wird also gegen Ende wieder abgebaut, und damit bricht auch die Spannung zusammen. Den Zustand des allseitigen Verdachts hat man als einen aufregenden Blick hinter die bürgerlichen Fassaden erlebt. Die Wiederherstellung der bürgerlichen Ordnung, die vom Genre der Detektivgeschichte garantiert wird, läuft auf einen erfahrungslosen Nullzustand hinaus.

Im Unterschied zu dem eher trickhaften und schematischen Spannungsaufbau eines Detektivromans, der seine künstlich erzeugte Komplexität zum Schluß auch kurzerhand wie einen Haufen falscher Karten wieder vom Tisch räumt, scheint die Lebenswelt beispielsweise der Romane Tolstois wie ein Naturgewächs entstanden zu sein. Der Autor, so spürt man, hat keineswegs alles, was er darstellt, schon vorauskalkuliert, sondern hat wesentliche Erfahrungen mit seinem Stoff und seinen Figuren erst während des Schreibens gemacht. Die Menschen haben in ihm zu leben begonnen, und er hat diesem immer mächtiger, immer eigensinniger sich entfaltenden Leben Raum gegeben. Dem verdanken seine Personen ihre Lebendigkeit. Sie sind über alles, was Konzept und Rolle an ihnen gewesen sein mochte, hinausgewachsen.

Trotzdem ist ein Roman wie »Anna Karenina«, dessen Natürlichkeit und Lebensnähe wir bewundern, mit großem Kunstverstand aufgebaut. Drei unterschiedliche

Ehen werden nebeneinander geschildert und unterschiedliche Lebenssphären, wie Stadt und Land, die gehobene Gesellschaft und das einfache bäuerliche Volk, bilden ein reich und anschaulich kontrastiertes Szenarium für die polyphone Handlungsführung. Bei einem geringeren Autor als Tolstoi wäre ein auf solchen Gegensätzen aufgebauter Roman vermutlich in Klischees erstarrt. Die Frische seiner Vorstellungskraft, sein intuitiver Blick für das Besondere und Individuelle und der Ernst seiner Wahrheitssuche haben Tolstoi vor dieser Gefahr bewahrt. Ich sage das nur, um dem Irrtum vorzubeugen, das interessante Konzept, die geschickte Dramaturgie seien schon Garantien des künstlerischen Gelingens.

Ich habe dargelegt, daß Spannung durch Destabilisierung entsteht, beispielsweise, wenn Informationsmangel, Vieldeutigkeit, Widersprüchlichkeit und Undurchschaubarkeit uns keinen einfachen, sicheren Umgang mit einer Situation erlauben oder es uns unmöglich machen zu erkennen, worauf ein in Gang gekommener Prozeß hinausläuft. Es gibt zahlreiche darstellerische Strategien oder Inszenierungen, um einen solchen Zustand zu erzeugen. Nur wenige markante will ich aufzählen.

Zum Beispiel entsteht ein Problemzustand, wenn der Autor seinen Stoff auf mehrere, einander widersprechende Personenperspektiven verteilt. Oder wenn er ein nur lückenhaft bekanntes, vergangenes Geschehen durch bruchstückhafte Zeugenaussagen und wechselnde Hypothesen zu rekonstruieren versucht. Oder wenn es nur eine Erzählerstimme gibt, die aber unzuständig, unzuverlässig, borniert oder voreingenommen wirkt, so daß man nur dann, durch sie hindurch, auf die Wahrheit schließen kann, wenn man ihre besondere Art, die Dinge zu verzerren, erkannt hat. Äußerst verwirrend und destabilisierend ist es, wenn die Unterschiede von Innen- und Außenwelt verwischt werden, wir also zunächst für Wirklichkeit halten, was ein Traum ist, oder wenn ein Traum, aus dem wir erwachen möchten, sich zur unentrinnbaren Wirklichkeit verfestigt. Einen Sturz ins Bodenlose erleben wir, wenn sich herausstellt, daß ein Erzähler und seine Geschichte nur Erfindungen eines zweiten Erzählers sind, und nach einer Weile auch dieser, den wir inzwischen mitsamt seiner Geschichte als authentisch akzeptiert haben, als die bloße Fiktion eines dritten Erzählers erscheint. Eine andere Möglichkeit, Spannungen und Gefälle zu erzeugen, bietet die Montage verschiedener Textsorten mit unterschiedlichem Wahrheitsanspruch, etwa wenn dokumentarische Texte, Zitate aus Zeitungen, Werbung, öffentlichen Reden, Fachjargon, neben hoch subjektiven, poetischen und imaginären Texten stehen. Eine verflüssigte Form des harten Nebeneinanders der Montage ist das assoziative Gleiten des Inneren Monologes oder das nicht an das Bewußtsein einer agierenden Person gebundene Erzählen mit wanderndem Blickpunkt und verwirrender universeller Beweglichkeit. Auch Wiederholungen, Vor- und Rückgriffe in der Zeit, die sich aus dem Zwang der Chronologie lösen, können verblüffende perspektivische Überlagerungen bewirken. Wir begegnen dann plötzlich einem Toten wieder als Lebendigem und sehen ihn erneut ahnungslos auf seinen Tod zugehen. Eine abgründige Faszination entsteht, wenn wir in einer Komödie den tragischen Kern entdecken, so daß uns das Lachen im Halse steckenbleibt, und wenn wir umgekehrt erkennen, daß die Tragik der menschlichen Schicksale von der Komödie der menschlichen Täuschungen umschlossen wird.

Alle diese Inszenierungen lassen an ihren Bruchlinien, Überblendungen und in ihren unausgefüllten Zwischenräumen oszillierende Vieldeutigkeiten und Ungewißheiten entstehen, die unsere Vorstellungskraft dauernd herausfordern. Denn die Phantasie ist ja unsere Fähigkeit, Informationslücken und Unbestimmtheiten auszufüllen und so unser unausrottbares Bedürfnis nach Sinn und Zusammenhang zu befriedigen. Freilich erweckt das gleich wieder den Verdacht, daß auch dies eine neue Täuschung sei, die wir unserer Neigung verdanken, den Ordnungsgrad der Realität zu überschätzen.

Das ist ein sehr moderner Verdacht. Er steht im Dienst eines fundamentalen anthropologischen Erkenntnisinteresses, das, ausdifferenziert zu einer ständigen wachsenden Vielfalt von Fragen, Perspektiven, Methoden und Interessen, längst alle geschlossenen Weltbilder gesprengt hat und allen Vereinfachungen nur noch eine pragmatische Bedeutung zuerkennt. Dieses Erkenntnisinteresse ist in all seinen Gestalten von Neugier, Experimentierlust, Abenteuergeist, analytischem Denken, Wissensdurst, Bemühen um Einsicht und Verstehen ein so vitales Prinzip unseres Handelns, daß Irritationen, Schwierigkeiten, ja lebensbedrohliche Risiken immer wieder dafür in Kauf genommen werden. Es ist aber nicht nur ein ethischer Wert, sondern auch ein ästhetischer. Wie wir Menschen bewundern, die die Unvoreingenommenheit und Kraft haben, die Vielfalt und die Widersprüche des Lebens in ihr Bewußtsein aufzunehmen, so faszinieren uns heute vor allem auch künstlerische Werke, die sich für die Sprengkräfte des Chaos geöffnet haben und dabei anschaulich ihre

Kraft beweisen, sie in sich zu bändigen und sich als Einzelnes und Besonderes von der Vielfalt des Möglichen abzuheben und zu behaupten.

Hier sind wir am Zentrum unseres Problems. Alle Spannung entsteht aus der Differenz zwischen der Partikularität unserer Interessen, Einsichten und Möglichkeiten und der Gesamtwirklichkeit, von der wir umgeben und für die wir tendenziell geöffnet sind. Das zeigt sich schon in jedem Dialog. Zwei perspektivische Begrenztheiten stoßen aufeinander und arbeiten sich aneinander ab und bringen so vielleicht eine umfassendere und differenziertere Einsicht hervor, als jeder Sprecher es für sich allein vermocht hätte. Wenn die Dialogpartner sich dagegen blockieren, also jeweils ihre Partikularität verteidigen, dann kann der Prozeß der Synthese im Bewußtsein der Zuhörer oder der Leser des Dialogs stattfinden. Indem die Zuhörer, die Leser die Begrenztheit der jeweiligen Dialogpartner erkennen, haben sie auch schon, wenigstens als Leerstelle, als Defizit, das Nichtgesagte gedacht, das als fällige Synthese hinter oder zwischen den Worten des Dialogs erschienen ist. Umgekehrt aber kann eine individuelle Perspektive die Negativität des bloß Partikularen verlieren, wenn sie sich, angesichts von bewußtgemachten Alternativen, begründet zu sich selbst bekennt.

Das zeigt sich besonders in Situationen, in denen es nötig ist, sich zwischen verschiedenen, in der Situation liegenden Möglichkeiten zu entscheiden, oder, um es anders auszudrücken, zwischen verschiedenen möglichen Zukünften für eine bestimmte zu votieren, mit allen unkalkulierbaren Risiken des Irrtums, des Scheiterns, des Sich-Verfehlens. »Heirate oder heirate nicht – du wirst es bereuen«, heißt es bei Kierkegaard in pessimistischer Zuspitzung dieser Struktur des »Entweder – Oder«, der man nicht entgehen kann. Auch wenn man Entscheidungen ausweicht, hat dies Konsequenzen: Es schneidet einen von anderen Möglichkeiten ab, die in der Situation gelegen haben und die wir entschlossen hätten ergreifen können. Nicht nur unsere Lebensgeschichte wäre dann ein wenig oder wesentlich anders verlaufen, auch wir selbst wären ein wenig oder wesentlich anders geworden. Wir hätten einen Weg in eine andere Zukunft eingeschlagen und hätten bald und in der Folge immer wieder vor anderen Herausforderungen gestanden und vor anderen Möglichkeiten. Denn das Selbst ist keine unveränderliche Substanz, die unter dem Diktat einer von Beginn an verhängten schicksalhaften Bestimmung steht, sondern ein stets unabgeschlossener Erfahrungsprozeß, der unter zufällig gemischten und wechselnden Bedingungen stattfindet und eine personale Identität hervorzubringen versucht, die allmählich, wenn die Dinge günstig verlaufen, fähig wird, zwischen verschiedenen Möglichkeiten zu wählen, so daß sie bis zu einem gewissen Grad zum Subjekt ihrer eigenen Geschichte wird.

Aber auch ein solches selbstbestimmtes Leben hat einen Horizont unverwirklichter, nicht ergriffener Möglicheiten und muß vor ihnen bestehen können. Hätte man etwas anders machen sollen? Hat dazu die Kraft oder der Mut gefehlt? Oder hat man sich getäuscht, geirrt, war man das Opfer einer Lebenslüge? Aus der Perspektive eines Menschen, der so schlechte Bedingungen hatte, daß ihm kaum etwas zu wählen blieb, sind das freilich Luxusfragen. Er hat unter dem Gebot »Vogel friß oder stirb« gelebt. Es gab für ihn kaum bessere Möglichkeiten, die er hätte verfehlen können.

Doch ob einer durch äußere Beengungen oder innere Sperren an seiner Entfaltung gehindert wurde, eins bleibt in allen Fällen gleich: Immer lebt man ein einziges, begrenztes und unwiederholbares Leben, das in einer grundsätzlichen Spannung zu anderen unverwirklichten Möglichkeiten steht. Das kann als ontologisches Defizit und existentielle Schuld empfunden werden, aber auch als stimulierender Lebensreiz und ständige Herausforderung. Umgeben von zahllosen gleichzeitigen Versuchen, auf das Problem des Lebens eine persönliche Antwort zu finden, wird jeder Mensch auf eine andere, nur einmal begehbare Versuchsstrecke geschickt, deren Verlauf und Ende im dunkeln liegt. Er kreuzt dabei unzählige andere Lebensgeschichten, in die er meistens nur flüchtige oder gar keine Einblicke bekommt. Alle zusammen stellen sie die Totalität des Lebens dar, die er nur in dem mehr oder minder engen Ausschnitt seiner eigenen Erfahrung nah und genau zu sehen bekommt. Glück oder geglücktes Selbstsein wäre dann zu beschreiben als die Gewißheit, daß im eigenen Leben das Leben der anderen mitenthalten, mitvertreten sei, also ein einzelner, begrenzter und bestimmter Mensch zu sein, ohne daß etwas Wesentliches fehlt.

Frauenfeind und Dr. Krebs

Probleme der Namengebung in literarischen Texten

1991

Immer, wenn das Gespräch auf Namen kommt, fällt mir wieder jener mittelgroße, untersetzte Mann ein, der in einer Gesellschaft, in der er vermutlich so fremd war wie ich selber, auf mich zutrat, mir seine Hand entgegenstreckte und mit gedämpfter Stimme »Frauenfeind« zu mir sagte. Für den Bruchteil einer Sekunde wirkte das auf mich wie ein düsteres Geständnis, und erst nach diesem kurzen Schock begriff ich, daß er sich vorgestellt hatte, und nannte ihm auch meinen Namen. Natürlich vergaß er ihn sofort, während ich mich an seinen vermutlich bis ans Ende meiner Tage erinnern werde. Ich blickte hinter ihm her, wie er von Person zu Person und von Gruppe zu Gruppe ging, seine Hand ausstreckte und »Frauenfeind« murmelte, als gebe er die Losung des Abends aus. Einen unsichtbaren Wirbel ironisch-heiteren Befremdens zog er hinter sich her.

Sprechende Namen wie Frauenfeind sind für den Namensträger ein Stigma und für alle anderen eine Distanzlosigkeit. Es ist, als würde einem etwas aufgedrängt, was man so genau gar nicht wissen möchte. Das Eigenschaftliche fällt mit der Tür ins Haus wie ein grölender Cowboy: »Mein Name ist Frauenfeind, und ich hasse alle Weiber!« Und zur Bekräftigung schießt er in die Zimmerdecke. Oder es steht eine verlegen lächelnde junge Frau im Türrahmen: »Entschuldigen Sie bitte, ich heiße Ilse Jungverdorben. Sie werden das wahrscheinlich für berechtigt halten. Aber ich kann nichts dafür.« Natürlich wissen wir, daß es nur Namen sind. Doch niemand, der Herr Nase heißt, kann die verstohlenen Blicke vermeiden, die prüfen, ob der Name anatomisch begründet sei.

Nomen est omen. Wir können wahrscheinlich nicht anders denken, jedenfalls nicht in den Schichten unserer Seele, in denen die Gefühle den Ton angeben. Unheimlich starrte mich das Schild eines Arztes an, den ich wegen anhaltenden Hustens konsultieren wollte: Dr. Krebs, Facharzt für Lungenkrankheiten. Ich mußte mir einen Ruck geben, um hineinzugehen. Immerhin hatten auch andere Leute sich überwunden, denn das Wartezimmer war keineswegs leer.

Dr. Krebs, ein freundlicher älterer Arzt, hatte gewiß schon vielen Patienten die tödliche Diagnose stellen müssen, die sein Name jedem androhte. Das hielt sich, unabhängig von jedem Wortzauber, im Rahmen der statistischen Erwartbarkeit. Aber in meiner Phantasie stand hinter ihm der Unsichtbare und riß die schwarze Karte hoch, die einen für immer vom Spielfeld schickt.

Wie stellte ich mir Dr. Krebs vor, während ich darauf wartete, daß ich an der Reihe war? Groß, hager, knochig und von fahler Hautfarbe, ein Mann, der mich mit kalten, schlecht durchbluteten Händen untersuchte und mit verschatteter Stimme zu mir sagte: »Husten Sie mal«? Unbewußt muß ich wohl mit so etwas gerechnet haben, denn ich war überrascht und erleichtert, als mich ein kleiner, rundlicher und rosiger Herr empfing. Die Diagnose »Lungenkarzinom« schien mir aus seinem Mund gleich weniger wahrscheinlich zu sein. Der Tod kann natürlich auch so aussehen: ein heiteres Babyface im weißen Kittel.

Während mich Dr. Krebs untersuchte, begann sich sein

Name schon wieder gegen seine Erscheinung durchzusetzen, vor allem weil er eine Zeitlang schwieg, als seien ihm bei seinem Befund die beruhigenden Worte verlorengegangen. Schließlich bekam ich doch eine günstige Diagnose und verließ die Praxis mit dem Gefühl des Entkommens und nachklingender Verwunderung. Es mußte eine Freudsche Fehlleistung gewesen sein, daß ein Mensch mit diesem Namen ausgerechnet Facharzt für Lungenkrankheiten geworden war.

Hätte ich in einem Roman einen Facharzt für Lungenkrankheiten darzustellen, würde ich ihn niemals Dr. Krebs nennen. Es käme mir wie eine plumpe, schlecht ausgedachte Pointe vor. Aber es gibt viele Namen, die wie versteinerte böse Witze ein Leben markieren. Elfriede Kummer, geborene Harm las ich auf einem verwitterten Grabstein in einem kleinen österreichischen Dorf. Es schien mir besonders trübsinnig, daß die Verstorbene ziemlich alt geworden war. Frau Zimmermann, geborene Brett, auch eines meiner Fundstücke, ist die Geschichte einer Ehe, zusammengeschnurrt zu einem Witz. Wie hatte die Frau sich zu dieser Heirat entschließen können? Hatte sie sich von der Ehe mit Herrn Zimmermann eine kultivierende Bearbeitung ihrer Person erhofft?

Nicht einmal für Lustspiele und Satiren sind diese Namen noch brauchbar. Sie sagen anscheinend schon alles, und wenn man erzählerisch mit ihnen noch etwas bewegen will, dann muß man mühsam versuchen, die kompakten Eindeutigkeiten durch abweichende und gegenläufige Züge und sinnblinde Details aufzulockern oder zu überdecken. Doch das ist nicht das Geschäft der Satiriker. Sie wollen ja gerade verborgenen Sinn kenntlich machen, indem sie bestimmte Züge einer Person betonen oder überzeichnen. Wenn sie ästhetische Finesse haben, werden sie das nicht in grob karikierender Weise tun, sondern die markanten Sinnzeichen einbetten in unauffälliges Material, so als steckten sie darin fest und ragten nur ein wenig daraus hervor. Vor allem bei der Namengebung wird der Autor drastische Eindeutigkeiten vermeiden, etwa indem er dem sinnführenden Wort noch einen anderen Akzent beigibt und ihm so etwas von seiner Markanz und Direktheit nimmt. Aus Herrn Kummer wird etwa ein Herr Kummereck, und der würde außerdem nicht Elfriede Harm heiraten. Oder, um bei den Molltönen zu bleiben: Ich könnte mir, etwa in einer Novelle von Thomas Mann, einen Herrn Gramschatz vorstellen, beispielsweise als Bestattungsunternehmer oder eher noch in einer unverfänglichen Rolle, etwa als Bratschist in einem Streichquartett, dessen übrige Mitglieder keine sprechenden Namen tragen: Herrn Gramschatz mit dem dunklen Blick und dem langen, samtigen Bogenstrich.

Verstärkte man dieses diskret ironische Persönlichkeitsbild in der angelegten Richtung, etwa indem man behauptete, Herr Gramschatz vermöge zwar ein Adagio, ein Andante mit wunderbarer Innigkeit zu spielen, verschleppe aber unweigerlich alle Prestos und Allegros und brächte es immer irgendwie fertig, daß die Dur Tonarten wie Moll klängen, dann würde aus dem liebenswürdigen Sonderling eine Karikatur. Die Individualität von Herrn Gramschatz bekäme etwas Überdeutliches und versteifte sich bis zu einer wunderlichen Starrheit, die ihn immer wieder auf dieselbe Weise scheitern ließe. Vielleicht würden seine Mitspieler gutmütige Witze über ihn reißen und dazu übergehen, ihn einfach »Gram« zu nennen, um ihm seine Einseitigkeit vor Augen zu führen. Doch sie müßten sich wohl darüber einig werden, daß er für das Quartett auf die Dauer nicht tragbar sei. Denn trotz seiner besonderen Begabung für die langsamen und getragenen Sätze wäre er ein miserabler Musiker.

Menschen mit starren, eng begrenzten Verhaltensprogrammen und Wahrnehmungsfähigkeiten befinden sich in einem ontologischen Defizit gegenüber der Vielfalt des Lebens. Herr Gramschatz, der zu einem Herrn Gram erstarrte, und ein Herr Frauenfeind, der dem Bannspruch seines Namens erliegt, sind von weiten Bereichen des Daseins ausgeschlossen, und zwar auf, von außen gesehen, groteske und lächerliche Weise, da der Knüppel, über den sie in alltäglichen Situationen und angesichts normaler Herausforderungen so kläglich wie automatisch stolpern, in ihnen selber liegt. Das kanalisiert den Schrecken der anderen über das Scheitern und entlädt ihn im Gelächter – so hat das Henri Bergson in seinem berühmten Buch über das Lachen dargestellt. Das Gelächter bleibt freundlich, solange das Scheitern keine schlimmen Folgen hat und sich als kleines Mißgeschick, momentaner Fehler oder Irrtum verstehen läßt. Ist es dagegen ein wesentlicher Ausdruck der Person oder ihrer besonderen Eigenheiten, dann schließt sich die Lachgemeinschaft gegen den Scheiternden zusammen und macht ihn zu einem lächerlichen, defizitären Außenseiter. Indem sie ihn verlacht, festigt sie wieder die Normen, an denen er gescheitert ist. Ein Schriftsteller, der eine literarische Figur mit einem lächerlichen Namen stigmatisiert und sie entsprechend vorführt, muß sich fragen lassen, ob er dieses Lachen will.

Nomen est omen. Jeder ausdrucksvolle, sinnfällige Name belastet den Namensträger mit einer Vorbedeutung. Einem Menschen oder auch einer literarischen Figur einen Namen zu geben, ist deshalb ein heikles Geschäft. Es wird im Leben zum Teil dadurch neutralisiert, daß die Familiennamen vererbt werden. Sie gehören sozusagen zu den objektiven Daseinsbedingungen, die man vorfindet und nicht ändern kann. Die Vornamen aber, früher meist auch an familiäre Traditionen gebunden, sind mehr und mehr der Wunschprojektion der Eltern überlassen worden, was immer wieder auffallende Kontraste zwischen den Individuen und ihren Namen erzeugt. Nicht wenigen Menschen folgt der Wunschtraumname, den ihre Eltern ihnen gegeben haben, wie ein höhnischer Schatten. Sie sind dem idealen Entwurf, der Vorgabe ihres Namens, der ihnen Stärke, Schönheit, Klugheit, Vornehmheit, Heldenmut, erotische Reize, ein abenteuerliches Leben, Ruhm und Erfolg zusprechen sollte, nicht im geringsten gerecht geworden. Das wird dann oft dazu führen, daß der kindliche Kosename, der aus einem Siegfried einen Siggi machte, lebenslänglich erhalten bleibt. Oder der Betreffende bekommt einen Spitznamen angehängt, der gegen die hohen Ansprüche, die der Taufname signalisiert, einen komischen, allzumenschlichen Aspekt der Person zur Geltung bringt.

Das war im Adel seit jeher üblich. Da die Vornamen nach Standes- und Familientradition vergeben wurden, als nach außen gerichtete Repräsentanten, die man wie ein ererbtes Wappen trug, bekam man im Familien- und Freundeskreis noch einen Spitznamen, der jenseits der Standesrolle die Individualität der Person betonte. Da ihn nur wenige benutzen durften, schuf das eine Umgangsform exklusiver Privatheit. Unter seinesgleichen durfte man ein Mensch mit seinen Mängeln sein und gehörte doch immer noch dazu. Ein kleines, pummeliges Mädchen, zu dem die großmächtige, feierliche Namensgirlande Anna Katharina Feodora, Prinzessin von ... nicht so recht paßte, wurde dann beispielsweise Molli genannt. Der Name blieb ihr bis ins hohe Alter, auch wenn sie inzwischen mager geworden war.

Obwohl auch Spitznamen allmählich verblassen und zu gedankenlos benutzten Kennmarken werden, zeigt sich an ihnen besonders deutlich das mimetische Element spontaner Namengebung. Durchaus nicht immer zur Zufriedenheit der Benannten wird etwas Eigenschaftliches an ihnen hervorgehoben und gesellschaftlich verfügbar gemacht. Die Gruppe sagt dem einzelnen: »Willst du zu uns gehören, dann mußt du dich stempeln lassen. Du bist für uns Molli, weil du mollig bist. Was immer du sonst noch sein magst, lassen wir dahingestellt.« Indem man benannt wird, wird man auch gebannt. Durch die Namengebung schützt man sich gegenseitig davor, daß man im alltäglichen Umgang durch die Undefiniertheiten des anderen belästigt und überflutet wird. »Wer ist da?« ruft man ins Dunkel. Und wenn eine Stimme antwortet: »Ich bin Molli«, dann kann man beruhigt sein.

Nach altem Aberglauben ist deshalb das Nennen des Namens eine magische Bemächtigung. Wer den Namen des Widersachers oder des bösen Dämons errät, der hat auch seine Kraft und seinen Einfluß gebrochen. Das Märchen vom Rumpelstilzchen, dem häßlichen Waldmännlein, das als Lohn für Zauberdienste von der Königin das erste Kind fordert, wahrscheinlich um es aufzufressen, gibt dafür ein unheimliches Beispiel. Denn der Dämon macht selbst den Vorschlag, auf seinen Lohn zu verzichten, wenn die Königin innerhalb von drei Tagen seinen Namen errät. Es ist ein Machtkampf an der Grenze zwischen der ungebändigten, weil unerkennbaren dämonischen Naturkraft und der auf Worte und Definierbarkeiten aufgebauten Menschenwelt.

Am ersten Tag nennt die Königin ihrem unheimlichen Besucher alle ihr geläufigen Menschennamen wie Kaspar, Melchior und Balthasar und viele andere. Jedesmal antwortet das Männlein: »So heiß' ich nicht!« Und man kann den Triumph seiner Selbstbehauptung aus diesem knappen Satz heraushören. Am nächsten Tag versucht sie es mit seltsamen, monströsen Namen, die ihr beim Anblick des häßlichen kleinen Dämons einfallen: »Heißt du vielleicht Rippenbiest oder Hammelswade oder Schnürbein?« Sie ist dem Geheimnis des fremden Wesens nun schon näher gekommen, doch jedesmal erhält sie die Antwort: »So heiß ich nicht!« Am dritten Tag weiß die Königin den geheimen Namen des Dämons, denn einer ihrer Kundschafter hat nachts im Wald das Männlein auf einem Bein um ein Feuer hüpfen sehen. Der Dämon hat dabei ein kannibalisches Freudenlied gesungen und im Übermut seinen Namen verraten:

> Heute back ich, morgen brau ich,
> übermorgen hol ich der Königin ihr Kind;
> ach, wie gut, daß niemand weiß,
> daß ich Rumpelstilzchen heiß.

Damit ist das Geheimnis gelüftet und die Zauberkraft gebrochen. Die Regie geht an die Königin über. Als das Männlein zum dritten und letzten Mal kommt, zögert sie ihren Sieg hinaus, indem sie, Unkenntnis vortäuschend, zuerst zwei Jedermannsnamen vorschlägt. »Heißt du Kunz? Heißt du Heinz?« Sich kurz vor seinem Triumph wähnend, sagt das Männlein nur noch »nein, nein«, und dann erst stößt die Königin zu: »Heißt du etwa Rumpelstilzchen?« Man muß sich das ironische »etwa« der Königin anhören, um die Entzauberung und den Machtwechsel zu begreifen. »Etwa Rumpelstilzchen?« Das ist, als würde sie sagen: »Wie lächerlich! Und vor so etwas habe ich Angst gehabt. Es ist ja nicht zu fassen! Das hätte ich mir doch gleich denken können: ein Rumpelstilzchen.«

Es gehört zu der tiefen Wahrheit dieses Märchens, daß der Dämon seinen Namen nicht leugnen kann. Er ist ein für allemal erraten, erkannt und um seine Macht gebracht. Und so bleibt ihm nichts anderes übrig, als sich in einem Anfall rasender Wut selbst zu zerstören.

»›Das hat dir der Teufel gesagt‹, schrie das Männlein und stieß mit dem rechten Fuß vor Zorn so tief in die Erde, daß es bis an den Leib hineinfuhr, dann packte es in seiner Wut den linken Fuß mit beiden Händen und riß sich selbst mitten entzwei.«

Das ist eine erstaunlich konsequente Selbsthinrichtung. Rumpelstilzchen, das nun erkannt und gebannt ist, zerreißt sich selbst wie einen Fetzen Papier, auf dem sein Name steht.

Es mag als ein unzulässig weiter Schritt erscheinen, hier unvermittelt den ersten Satz von Max Frischs berühmtem ersten Roman zu zitieren: »Ich bin nicht Stiller!« Der Dämon, der durch die Nennung seines geheimen Namens entzaubert und entmachtet wird, und der Bildhauer Stiller, der sich mit der Verleugnung seines Namens dagegen wehrt, in eine Biographie hineingezwungen zu werden, die er als Rollenzwang und unerträgliche Einschränkung seiner Freiheit empfindet, sind zwei so unterschiedliche Wesen und gehören so verschiedenen Seinssphären und Erzählweisen an, daß gerade dieser Unterschied die Stringenz des durchgehenden Themas bezeugt. Die Vorzeichen haben freilich gewechselt. Während im Märchen durch das Erraten des Namens das Böse und Dämonische gebannt wird, repräsentiert in unserer Welt der bürgerliche Name den Zugriff der Gesellschaft auf den einzelnen. Der Name, der die soziale Identität eines Menschen festlegt, macht ihn schuldfähig, haftbar, zitierbar, berechenbar, und indem er ihn an seine Vergangenheit bindet, verstellt er seine verborgenen, noch unentfalteten, zukünftigen Möglichkeiten: Stiller ist zwar Stiller, wie ihm die anderen Schritt für Schritt beweisen, doch das fertige Persönlichkeitsbild, die Lebensgeschichte, die sie ihm damit wieder aufnötigen wollen, entspricht ihm nicht mehr. Und so widersetzt er sich seiner erneuten Einbürgerung, um sich zu verändern und anders erfahren zu können, also um seiner Freiheit willen. Während die anderen wie ein Team von Kriminalisten die Bausteine seines alten Lebens zusammentragen, verschanzt er sich hinter einem fiktiven Leben, das er unter dem Namen White geführt haben will. White, das weiße Blatt, kann mit neuem Leben beschrieben werden. Stiller ist das alte Leben, das nun als abgelegte, zerschlissene Fiktion erscheint. Es scheint nur noch an diesem Namen zu hängen.

»Ich bin nicht Stiller, ich heiße nur so«, das ist ein Satz, der den Menschen vormoderner, traditionaler Gesellschaften kaum verständlich gewesen wäre. Ihr mit einem Tauf- und Herkunftsnamen kenntlich gemachtes Ich war ihnen nicht problematisch, da es fest mit ihrer gesellschaftlichen Rolle, ihrem Stand, den moralischen Überzeugungen, den Sitten und dem Weltbild ihrer Umgebung verschmolzen war. Außerhalb dieser kulturellen Formen waren sie nichts oder jedenfalls nichts Nennenswertes, und es wäre ihnen deshalb nicht in den Sinn gekommen, die gesellschaftlichen Prägungen als Entfremdung und Uneigentlichkeit zu beschreiben und die Wahrheit der eigenen Existenz in der privaten Intimität oder in der Einzigartigkeit und Unvertretbarkeit eines eigenen Selbstentwurfs zu suchen.

Das hat sich so grundlegend geändert, als habe ein epochaler Klimawechsel stattgefunden. Verwerfungen und Risse zwischen der gesellschaftlich definierten Person und dem intimen Selbst waren schon ein Problem des bürgerlichen 19. Jahrhunderts und seiner Literatur. In den rapiden Veränderungen, Umstürzen, den Ideologie- und Machtwechseln des 20. Jahrhunderts, durch die so viele Lebensgeschichten mehrfach geknickt oder zerbrochen wurden, ist nicht nur die Kontinuität, sondern auch die innere Einheit der Person fragwürdig geworden. Sie wird nach Gottfried Benns sarkastischer Bemerkung nur noch »gewahrt von den Anzügen, die bei gutem Stoff zehn Jahre halten«. Das Individuum, das für unteilbar gehaltene, hat sich als spaltbar erwiesen. Aus dem innengelenkten Charakterhelden – »Hier stehe ich, ich kann nicht anders« – ist ein lockerer, veränderlicher, auch widersprüchlicher Zusammenhang nach außen gewandter Teilidentitäten geworden, in denen die Person, wechselnden Situationen und Forderungen der Welt begegnend, sich ganz unterschiedlich manifestieren kann. Doch sie muß dabei Rollendistanz beweisen und so dem Grundgedanken der Zeit entsprechen, daß »das Eigentliche« hinter der Sozialmaske zu suchen sei.

Auf ganz verschiedenen Denkwegen haben die Existenzphilosophie und die Psychoanalyse das Mißtrauen gegen die manifeste bürgerliche Person theoretisch ausgearbeitet und verstärkt. In der Daseinsanalyse Heideggers erscheinen die Konventionen des Verhaltens und Redens als unauthentisches Leben, in das der Mensch immer wieder verfällt und das seinem eigentlichen Selbstseinkönnen im Wege steht. Und in der Psychoanalyse steht das bewußte, angepaßte Leben der bürgerlichen Person als brüchige Fassade vor dem dunklen, exterritorialen Bereich des Verdrängten und Unbewußten.

Beide Argumente vermischten sich auf eigentümliche Weise, als 1950 Nathalie Sarraute, eine Gründungsautorin des Nouveau roman, in einem programmatischen Essay mit dem bezeichnenden Titel »Das Zeitalter des Argwohns« die Menschen- und Gesellschaftswelt des traditionellen Romans als eine Ansammlung von erstarrten Wahrnehmungsschablonen bezeichnete und dafür plädierte, den Blick von der typischen Balzac-Figur mit der Geschwulst auf der Nase und der gestreiften Weste endgültig abzuwenden und statt dessen die Aufmerksamkeit auf die verborgenen Impulse und Affekte zu richten, die das von Allgemeinplätzen beherrschte Gerede und das alltägliche Verhalten der Menschen wie ein vibrierender Schattenrand begleiten.

Es hat sicher lebensgeschichtliche Gründe gehabt, daß Nathalie Sarraute alle ihre Bücher auf dem Gegensatz zwischen der Welt der Konventionen und dem brodelnden Sumpf des Innenlebens aufbaute. Als Kind wurde sie in eine fremde Gesellschaftswelt versetzt, und das hat wohl nicht nur ihre Aufmerksamkeit für das Masken- und Fassadenhafte des menschlichen Verhaltens geschärft, sondern auch eine Angst vor der dahinter lauernden Bodenlosigkeit in ihr wachgehalten. Künstlerisch hat sie daraus eine Methode gemacht, alle festen Strukturen des Verhaltens und schließlich den ganzen Menschen in ein Gewimmel von Impulsen aufzulösen. Die Menschen sind haltlose Schatten geworden, erfüllt von flüsternden Stimmen. Die mitagierende Einfühlungskraft der Autorin oder eine ihrer Erzählerstimmen errät sie, kann sie aber nicht bannen. Da ihr alle Verfestigungen zur Gestalt, wie Lebenslauf, Sozialdaten und Namen, als Abstraktionen gelten, bleibt nur das Fluten und Flackern einer gestaltlosen, augenblickshaften Spontaneität.

Es ist eine strukturelle Gesetzmäßigkeit, daß im gleichen Maße, wie das Spontane und Augenblickshafte einen literarischen Text zu beherrschen beginnen, die Namen der Personen, die ja die Idee einer festumrissenen und dauerhaften Identität repräsentieren, immer willkürlicher, starrer und fremdkörperhafter erscheinen. Besonders dann, wenn sie etwas Eigenschaftliches bezeichnen, wirken sie mit jeder Wiederholung mehr wie ein abstraktes Zeichen, das quer zum Lebensstrom steht, ohne Bindungen an die sich ständig wandelnden Situationen und die Nuancen der Augenblicke.

Das ist freilich im Text viel auffälliger als im Leben. Ein Mann, der Max Billig heißt, tritt in realen Lebenssituationen immer mit seiner Körperlichkeit und seinem persönlichen Ausdruck in Erscheinung, während nur selten sein Name fällt. Aber auch dann ist er sinnlich anwesend, und die Auffassung des Namens wird von der persönlichen

Erscheinung der Person entscheidend mitbestimmt. Wir sehen beispielsweise einen Mann in einem blauen Leinenanzug, von großer oder kleiner Gestalt, brauner oder blasser Gesichtsfarbe und vielen anderen Merkmalen und Eigenschaften, der sich räuspert und auf die Uhr blickt und außerdem, wenn wir es überhaupt erfahren, Max Billig heißt. Im erzählerischen Text dagegen kann nicht ständig die ganze lebendige, anschauliche Wirklichkeit der Person beschworen werden. Statt dessen wird sie durch ihren Namen in die Situation zitiert. »Max Billig räusperte sich.« »Max Billig blickte auf seine Uhr.« »Auf der anderen Straßenseite ging Max Billig vorbei.« Dauernd zeigt uns der Text ein Namensschild anstelle der lebendigen Gestalt: ein aufdringlicher, plumper Notbehelf, der der schriftstellerischen Absicht, der Lebensbewegung mimetisch zu folgen, wie es beispielsweise im Inneren Monolog geschieht, schwerfällig und sperrig entgegensteht.

Das waren wohl auch die Gründe, die Anfang der 70er Jahre den französischen Schriftsteller Maurice Roche, der zur Nachfolgegeneration des Nouveau roman gehörte, zu mir sagen ließen, er halte es für psychologisch und künstlerisch unmöglich, einer literarischen Figur einen Namen zu geben. Akzeptabel seien nur die Personalpronomen oder Bezeichnungen wie »der Mann«, »die Frau«, »das Kind«, »der Große«, »der Kleine«, oder auch besondere, subjektive Charakterisierungen des Augenblicks.

Ich stand diesen Überzeugungen damals nicht fremd gegenüber. Aber ob eine literarische Person einen Namen bekam oder auf ein Personalpronomen beschränkt blieb, war für mich eine Frage der Perspektive und der Distanzen. Wurde eine Person von einer anderen Person, also von außen gesehen, dann war es natürlich und problemlos, ihr einen Namen zu geben, falls die beobachtende Person sie kannte. Lag aber der Erlebnispunkt in der Person selbst, dann trug sie keinen Namen, da man sich gewöhnlich nicht selbst mit seinem Namen benennt, sondern in einer distanzlosen Unmittelbarkeit lebt, für die das »ich« des Inneren Monologs oder auch das »er« und »sie« der Erlebten Rede der passendere, weil unauffälligere Ausdruck ist. In meinem ersten Roman »Ein schöner Tag« (1966) ergeben sich diese Schattierungen durch einen mehrfachen Perspektivenwechsel. Drei Personen sehen sich wechselseitig, und so erfährt man ihre Namen, obwohl immer der, in dessen Erlebnisperspektive man sich befindet, namenlos bleibt. In dem Roman »Die Schattengrenze« (1969), den ich danach schrieb, gibt es dagegen nur eine Hauptfigur und nur ihre Erlebnisperspektive. Deshalb blieb diese Figur namenlos, eingetaucht, wie Ernst Bloch das genannt hat, »im Dunkel des gelebten Augenblicks«. Um sie herum tragen allerdings alle Personen einen Namen, denn sie werden ja durch die Hauptperson von außen gesehen.

In meinen späteren Büchern habe ich diese starren Perspektiven aufgegeben, weil die von mir bevorzugte Erzählform der Erlebten Rede ein dauerndes Changieren der Perspektive erlaubt. Man sieht die Person im Raum und zugleich von innen. Der Satz »Er geht nach Hause« heißt gleichzeitig, daß er sich dessen bewußt ist und daß man ihn dabei sehen kann. So ist es möglich, der Figur einen Namen zu geben, ohne daß man ihre Erlebnisperspektive damit verläßt. Es hängt dann von der Darstellung ab, ob im Hin- und Herschwingen der Wahrnehmung die inneren oder äußeren Aspekte der Situation überwiegen.

Ohne die Personen zu benennen, läßt sich kein vielfiguriger Roman schreiben. Und da es zu den selbstverständlichen Realitäten des menschlichen Lebens gehört, daß Personen Namen tragen, sehe ich trotz des Intermezzos einiger Autoren des Nouveau roman keinen einleuchtenden Grund, an dieser Tatsache wie an einer peinlichen Monstrosität vorbeizusehen.

Allerdings sollten die Namen literarischer Texte unauffällig und alltäglich sein, damit sie nicht jedesmal, wenn eine Figur unter ihrem Namen erscheint, wie ein lautes Trompetensignal eine unveränderliche Bedeutung in den Text hineintragen. Nicht der Name soll die Person prägen, sondern die Person den Namen. Sie soll sich, wie es heißt, einen Namen machen, was nicht nur geschieht, wenn man berühmt oder berüchtigt wird, sondern schon dadurch, daß man sich durch sein Leben, sein Verhalten, einem engeren oder weiteren Kreis von Menschen als der und der zu erkennen gibt und ansprechbar wird unter einem Namen, was auch immer für Widersprüche und Unbenennbarkeiten man sonst noch in sich bergen mag. Wird die Person im Laufe der Erzählung oder des Romans unerwartete Eigenschaften entwickeln und sich unabsehbar verwandeln, dann trägt sie den Namen als Erkennungszeichen, das gelegentlich aufblinkt und sie im Dunklen sichtbar hält. Mit der Festschreibung einer falschen Identität durch den Namen, wie es die Puristen meinen, hat das nichts mehr zu tun.

Aber wie kommt man zu Namen, die natürlich, zufällig und unbestimmt genug sind, um diesen Forderungen zu genügen? Auf keinen Fall sollte man sie erfinden. Man verfängt sich dabei unweigerlich in einem Schema und landet im Bedeutungsvollen, Kuriosen, Aparten oder auch, indem man das alles zu vermeiden sucht, in langweiliger Simplizität. Viele Autoren holen sich ihre Namen aus dem Telefonbuch. Doch diese Methode hat ihre Fallstricke, denn es handelt sich da um einen alphabetisch geordneten Katalog, der einem nicht erspart, eine persönliche Auswahl zu treffen, wozu man wieder fragwürdige Kriterien braucht. Man muß dann zunächst einmal eine längere Liste möglicher Namen herausschreiben und dann zum zweiten und vielleicht dritten Mal eine Wahl treffen, bei der man sich bemühen muß, Namen ganz verschiedener Prägung, Gestalt und Klangfarbe zu mischen, um ein natürlich wirkendes Namensset zu bekommen. Doch gibt es dafür einen kürzeren und zuverlässigeren Weg. Man braucht nur die Klingelschilder eines größeren Mietshauses zu lesen, wenn man eine vom Leben selbst zusammengestellte Namensauswahl will. Seine Zufallsregie macht das wesentlich besser als die menschliche Phantasie.

Nehmen wir an, es handele sich um ein großes Haus mit vielen Mietparteien, dann leben dort auf engem Raum Menschen beieinander, die sich meist nur flüchtig und, wie es heißt, »dem Namen nach« kennen. Im Unterschied zu kleinen dörflichen Lebensgemeinschaften, in denen jeder jeden kennt und kontrolliert und die Namen sich mit Anekdoten und Lebensgeschichten verbinden, fallen die beruflichen und privaten Verkehrskreise der Großstädter nicht mit der Nachbarschaft zusammen. Die Hausbewohner brechen am Morgen zu meist weit voneinander entfernten Arbeitsplätzen auf, und wenn sie am Abend oder am Wochenende Gesellschaft suchen, sind sie wieder in verschiedenen Richtungen unterwegs. Und jedesmal, wenn sie die Schauplätze und die Szenen wechseln, tauchen sie ein in die namenlose Menge, die die Straßen, Plätze, Verkehrsmittel und die Parks der Stadt füllt und mit ständig wechselnden Gesichtern belebt. Manchmal treffen sich Blicke und befragen sich, bevor sie schnell wieder ausweichen. Und schon ist man aneinander vorbeigegangen. Ganz selten sprechen zwei Menschen miteinander, die sich im Bus zufällig gegenübersitzen. Und vielleicht klebt am nächsten Tag an einem Mast bei der Haltestelle ein handgeschriebener Zettel: »Blonde Frau im roten Blouson: Mittwochmittag hier aus dem Bus gestiegen! Ich bin der Mann mit der Obsttüte. Bitte ruf mich nach 18 Uhr unter folgender Nummer an ...«

Die Stadt ist ein ungeheures Feld von Möglichkeiten und Vereitelungen, und das Leben schwingt und vibriert zwischen diesen Gegensätzen. Je mehr es die Menschen durcheinanderwirbelt, desto häufiger treten auch in den Romanen namenlose Gestalten auf, Gesichter in der Menge, die für Augenblicke die Aufmerksamkeit auf sich ziehen. Am Rande des sozialen Feldes, das von den mit Namen ausgezeichneten Haupt- und Nebenfiguren des Romans beherrscht wird, lassen sie das geheimnisvolle, vielfältige und unendliche Leben erscheinen, von dem jeder Roman nur einen kleinen Ausschnitt darstellt.

Natürlich hat es auch in traditionellen Romanen die namenlose Menge gegeben. Aber die Autoren neigten dazu, sie in summarischen Überblicken erscheinen zu lassen, zusammengefaßt durch Sätze wie »Eine dichtgedrängte Volksmenge wogte durch die Straße« oder »Immer mehr festlich gekleidete Menschen betraten den Saal«. Hob sich eine einzelne Figur von diesem Hintergrund ab, dann wurde sie auch gleich mit einem Namen versehen und ins

Romanpersonal eingebürgert. Die dramaturgische Ökonomie schien es zu erfordern, niemanden auffällig ins Bild zu setzen, der für die Handlung nicht gebraucht wurde und alsbald wieder in der Menge verschwand. Im Leben allerdings geschieht das dauernd. Und die neuen Medien – Fotografie und Film – haben unsere Aufmerksamkeit für diese Vorgänge geschärft. Doch das schnappschußartige Sehen des Beiläufigen, Zufälligen, Namenlosen, Fremden, das unseren Weg kreuzt, war längst vorher eine alltägliche Wirklichkeit des städtischen Lebens. Es hat im Flaneur seinen kennerischen Genießer hervorgebracht und bestimmt auch heute seinen vitalen, stimulierenden Reiz.

Die klassische Verkörperung der Poesie des unbekannten Lebens ist die Rückenfigur einer fremden Frau, die eine Weile vor einem hergeht. Noch ist alles lockendes Geheimnis und unbestimmtes Versprechen. Um mehr zu erfahren, müßte man sie überholen und einen Blick auf ihr Gesicht oder ihr Profil werfen, sie dann ansprechen, um ihre Stimme zu hören und vielleicht mit ihr ins Gespräch zu kommen. Der Erfolg ist allerdings ungewiß, und er könnte auch enttäuschend sein. So lassen wir sie lieber gehen. Vielleicht hätten wir gerne ihren Namen gewußt, um etwas persönlicher an sie denken zu können, oder auch, um im Telefonbuch nach ihr zu suchen. Doch sie ist schon wieder untergetaucht im Gewimmel der Straße, das sich wie ein Vorhang hinter ihr geschlossen hat. Es ist ein kurzer sanfter Schmerz, ein Entzugs- und Verlustgefühl, schon bald übertüncht von nichtswürdig schnellem Trost und dem Leben, das bekanntlich immer weitergeht, bis es zu Ende ist. Ade, schöne Unbekannte! Mit dem Austausch der Namen hätte vielleicht ein Roman begonnen. Ist das immer wünschenswert? Es war die Poesie der namenlosen Erscheinung, ihr unerschlossenes Geheimnis, das einen gefesselt hat.

Namen sind Vorkehrungen gegen das Verschwinden, nicht besonders zuverlässige, da man sie vergessen kann. Jeder kennt den Schrecken einer solchen Begegnung. Man erkennt die Person, aber man weiß ihren Namen nicht, und das ist, als habe man den anderen in sich ausgelöscht. Andererseits sagt der geläufig zitierte Name nicht, wie eindringlich die Erinnerung ist. Wird man nicht vielleicht bloß identifiziert, wo man doch erkannt oder sogar erraten werden möchte?

Stellen wir uns also vor: Ein Mann und eine Frau lernen sich in einer Gesellschaft kennen. Der Zufall führt sie aufeinander zu, und in beiden flammt ein Interesse auf. Den ganzen Abend bleiben sie zusammen, als ob sie alle anderen vergessen hätten, und schon dadurch gestehen sie sich ein, daß zwischen ihnen etwas geschehen ist, das nach einer Fortsetzung verlangt. Als sie sich verabschieden, tauschen sie ihre Telefonnummern aus.

Aber den Mann erwartet eine arbeits- und ereignisreiche Woche, und dabei kommt ihm die Frau vorübergehend aus dem Sinn. Am Ende der Woche ruft sie an. Er ist mitten in einer eiligen Arbeit oder kommt gerade aus einem Geschäftsgespräch, als er im Hörer eine undeutlich vertraute weibliche Stimme hört: »Guten Tag«, sagt sie. »Ich habe gerade an Sie gedacht. Und so rufe ich Sie einfach einmal an.« Er weiß, daß er diese Frau kennen müßte. Die Stimme sagt es ihm. Aber ihr Gesicht bleibt wie hinter einer Wand. Und so sagt er, in der Hoffnung, es würde ihm gleich wieder einfallen: »Schön, daß Sie anrufen. Wie geht es Ihnen?« Hat er etwas Falsches gesagt? Es kommt keine Antwort. Nach einer Weile, in der er vergeblich im dunklen Raum seines Kopfes nach ihrem Namen sucht, sagt sie leise: »Sie wissen gar nicht, wer ich bin.« »Im Augenblick nicht«, gesteht er. »Sagen Sie mir doch Ihren Namen.« Nein, sie will jetzt nicht diesen Notbehelf. Er soll sich an ihre Person erinnern. »Wissen Sie nicht mehr, wie wir miteinander gesprochen haben?« Er hat in der letzten Zeit mit vielen Menschen gesprochen. Und hinter all diesen Gesichtern und wechselnden Situationen kann er sie nicht erraten, gerade weil sie es so dringend wünscht. Und nun schon ein wenig gereizt wegen der Prüfung, die sie ihm auferlegt, obwohl sie ja merken muß, daß er im Augenblick nicht weiterkommt, sagt er noch einmal, sie solle ihm ihren Namen nennen. »Nein«, sagt sie, »dann hat es keinen Zweck.« Die Leitung ist unterbrochen, sie hat aufgelegt.

Am Abend fällt ihm alles wieder ein. Aber ist es der Anspruch, den sie an ihn stellte, ist es die Berechtigung, die er darin spürte, oder nur seine Lethargie: Er meldet sich nicht mehr und läßt sie davongehen; wieder eine Fremde in der namenlosen Menge.

Es ist eine traurige Geschichte, die eine heitere Ergänzung braucht. Ein Papagei ist entflogen und wird im örtlichen Polizeirevier aufbewahrt. Zwei Frauen melden sich als angebliche Besitzerinnen und erklären, der Papagei könne seinen Namen sagen. Die eine behauptet, er hieße »Arturo«, die andere nennt ihn »Dr. Chico«. Der Papagei, gefragt, wie er heiße, antwortet: »Arturo Dr. Chico.« Und er bleibt dabei. Und um diese Geschichte im Stil eines Märchens zu beenden: So gelang es dem Papagei, der ja vielleicht Rumpelstilzchen hieß, sein persönliches Geheimnis zu wahren – hinter den Namen.

Der Widerstand gegen das Schreiben

1988

Anfangen. Wie anfangen? Ich habe diese Worte hingeschrieben, um mich zu überlisten. Denn auch sie stellen schon einen Anfang dar, brechen jedenfalls optisch den Bann des noch unbeschriebenen weißen Papiers. Vor vier Tagen habe ich das Blatt in die Maschine gespannt, um diesen kleinen Aufsatz über das Schreiben zu verfassen, eine Auftragsarbeit für eine Anthologie. Doch obwohl ich mich auskannte mit dem gestellten Thema, bin ich nach einiger Zeit wieder von meinem Stuhl aufgestanden, ohne ein Wort geschrieben zu haben. Danach habe ich es vermieden, mich wieder an die Maschine zu setzen. Es gab anderes zu tun: Briefe mußten geschrieben werden, Bücher und Zeitschriften – teils lange schon bereitgelegt, aber noch nicht aufgeschlagen – erschienen mir plötzlich interessanter als die Arbeit, die auf mich wartete, und zwar um so interessanter, je weiter sie mich von meinem Thema wegführten. Und doch kam ich nicht ganz los von diesem weißen Blatt. Es blieb in meinem Bewußtsein wie ein kaum merklicher Juckreiz, eine leichte, nicht lokalisierbare Verspannung, und ließ mich so wissen, daß es keinen Fluchtweg aus dieser Situation gab: Schon um des eigenen Wohlbefindens willen mußte der Aufsatz geschrieben werden.

Anfangen also, wie auch immer. Jeder Anfang war schließlich nur vorläufig und konnte getilgt werden, falls er nicht weiterführte. Obwohl da Gefahren lauerten: Falsche Ansätze verbrauchen Kraft und sind deshalb schwer zu revidieren. Man konnte sich in sie verbeißen und vor Erschöpfung unfähig werden, seinen Irrtum einzusehen. Nur wenn plötzlich ein neuer, anderer Anfang sich zeigte, wurde es leichter, aus der Sackgasse zurückkehren.

Aber gab es überhaupt richtige und falsche Anfänge? Führten nicht alle Wege nach Rom? Rein theoretisch mochte es sich so verhalten. Es gab zahllose Anfänge und Wege, um sich ein Thema zu erschließen. Doch konnte man nicht alle Wege gleichzeitig einschlagen, sondern mußte einen bestimmten wählen. Wie aber, nach welchen Kriterien, wenn er sich nicht in plötzlicher Evidenz vor einem auftat? Sollte man auf bewährte Verfahren zurückgreifen: Material sammeln und es in eine Ordnung bringen? Ein annehmbares Resultat würde sich so wohl erzielen lassen. Doch stellte das weiße Blatt, das in sich noch alle Möglichkeiten zu verbergen schien, hartnäckig eine andere Frage: Welches ist dein Weg, der, auf dem du zu deinem Ziel kommst? Das war schwer zu beantworten, wenn man nicht nur den Weg, sondern auch noch das Ziel suchte und gerade diese doppelte Ungewißheit der eigentliche Reiz des Schreibens war.

Immerhin scheint mir jetzt die Idee, mit den Schwierigkeiten des Anfangs anzufangen, kein schlechter Beginn für diesen Aufsatz gewesen zu sein, denn er hat mich auf einen Aspekt des Schreibens gebracht, der mir sonst vielleicht entgangen wäre: Ich meine den Widerstand gegen das Schreiben. Diese vier zurückliegenden Tage, an denen ich mich nicht überwinden konnte, mit dem Aufsatz zu beginnen, sind, so unangenehm sie waren, in meinen Augen kein bloß defizitäres Phänomen. Lähmung und Lustlosigkeit hatten Sinn. Sie bildeten einen wirksamen

Schutz gegen Wiederholung und Leere, glatte Geläufigkeit, ein Stoppzeichen aus dem Unbewußten, das psychologisch funktionierte, indem es Willen, Intellekt und Routine, lauter Vermögen, mit denen sich die Aufgabe wohl hätte meistern lassen, durch unüberwindbaren Widerwillen einfach außer Kraft setzte. So nicht, nicht wieder so, hieß das. Nicht obwohl ich mich mit dem gestellten Thema auskannte, wie ich zu Anfang schrieb, sondern weil es so war, stellte sich der Widerstand ein und hinderte mich daran, automatisch in gewohnte Gedankenbahnen zu gleiten. Das bedeutete einen Zeitgewinn, eine neue Latenzzeit, in der am Rand des Bewußtseins sich die Gedanken und Vorstellungen neu organisieren konnten, um dann vielleicht in plötzlicher Evidenz als neue Idee aufzutauchen. Es mußte kein Bruch mit dem schon Gedachten sein, nichts völlig Neues, kein Widerruf, aber doch ein neuer Schwerpunkt, ein neuer Akzent, eine andere Perspektive, die das vermeintlich Bekannte in eine neue Beleuchtung rückte.

Eigentlich sollte es natürlich umgekehrt sein. Der Einfall, die Idee sollten dem Schreiben vorangehen wie der Keim der aus ihm wachsenden Pflanze. Doch bei Auftragsarbeiten muß der eigene Einstieg in das Thema oft erst gefunden werden. Das Warten auf die Inspiration kann, wenn man sich allzusehr darauf versteift, leicht zur Verkrampfung führen, denn Einfälle lassen sich nicht erzwingen. Man muß den unsichtbaren Kräften, die in einem Hinterzimmer des Bewußtseins das Problem bearbeiten, möglichst freien Spielraum lassen, gleichsam als ließe man sie ohne Aufsicht und streune – in Büchern blätternd, Notizen machend, spazierengehend – ein wenig herum, stünde aber immer mit ihnen in Telefonverbindung. Jederzeit kann das Klingelzeichen ertönen. Man hebt ab, und eine Stimme, es ist nicht ganz die eigene, doch keine fremde, sagt beispielsweise: »Fang doch einfach mit deiner Unlust an. Schreib doch über deinen Widerstand.« Tatsächlich – das könnte gehen. Der Schlüssel zum Problem hat offen auf dem Tisch gelegen. Plötzlich fällt der Blick darauf, und alles scheint leicht zu sein.

Woran erkennt man, daß es der richtige Einfall ist? Zunächst vor allem an etwas Subjektivem: Die Stimmung hebt sich. Man bekommt Lust anzufangen. Der neue Einfall ist deshalb der richtige, weil er die innere Blockierung löst. Er beendet mit dem Warten einen Zustand verminderter Daseinsberechtigung, in dem alles, was man dachte oder tat, als uneigentlich und vorläufig galt oder als Ausweichen und Flucht verdächtigt wurde. Es war eine Verfassung des Gespaltenseins. Dem Ich schien der Zustrom aus dem Unbewußten so gründlich abgegraben, daß der Verstand leer stand und wie ausgetrocknet erschien. Von der Unlust zum Selbstzweifel war es nun nicht mehr weit. »Ich glaube, mir wird nie mehr etwas einfallen«, wie oft habe ich das von Schriftstellern gehört, als ich als Lektor mit vielen zusammenarbeitete. Eines Tages war dann alles Kleinlaute und Depressive von ihnen abgefallen. Sie wirkten nun eher manisch, erfüllt von einem leichten Größenwahn. Ihr Narzißmus war auferstanden. Sie hatten zündende Einfälle gehabt und schrieben, in neuem Einklang mit sich selber. War es vielleicht auch der Aufschub der Arbeit, das Suchen und Warten gewesen, das ihnen nun diese Schubkraft gab?

Ich habe die Schwierigkeiten des Anfangens mehrfach literarisch dargestellt: jedesmal als krisenhafte Erfahrungen und Zustände großer Labilität, in denen die Personen, denen es nicht gelingt, mit dem Schreiben zu beginnen, von irgend etwas aus der Bahn geworfen werden. Professor Elsheimer in der Novelle »Die Sirene«, ein beruflich erfolgreicher, aber in Routinen festgefahrener Mann, hat sich ein Freisemester genommen, um ein Buch zu schreiben, muß aber in der Einsamkeit seines Arbeitszimmers feststellen, daß ihm nur längst Bekanntes einfällt und er keinen einzigen originären Gedanken hat. Lustlos und mit sich selbst uneins, sitzt er an seinem Schreibtisch und sieht zu, wie seine Hand das weiße Blatt mit einem Gewirr von Linien überzieht.

»Es waren Ranken, die er zeichnete, Girlanden in ungleichen Bögen, auch Stengel oder Kolben. Manche Formen, die an dicke Blüten oder Fruchtknoten erinnerten, füllte er mit dichten Schraffuren aus. Und je schwärzer das Blatt wurde, je mehr es überwuchert wurde von den sich gegenseitig erstickenden und zerstörenden Ornamenten, um so stärker wurde sein Widerwillen gegen sich selbst. Ich muß arbeiten, dachte er, sah aber weiter dem nervösen Eifer seiner Hand zu, die über die Umrisse der Ornamente hinwegstrichelte, dann die Umrisse ausbeulte und verdickte und mit einem schmierigen Schwarz füllte.«

In dieser Situation wird Elsheimer von einer fremden Frau angerufen, deren Stimme und Phantasien sich seiner brachliegenden Kräfte bemächtigen und einen erotischen Bann über ihn ausüben. Allmählich wird er durch die Anrufe aus allen Gewohnheiten und Sicherheiten seines bisherigen Lebens hinausgetrieben. Später habe ich dieses Motiv noch einmal abgewandelt. Stefan Rodert in der Erzählung »Die Augen« träumt davon, Schriftsteller zu werden. Doch er schiebt die Verwirklichung dieses Traums auf unbestimmte Zeit hinaus und entwickelt sich statt dessen zum Kettenraucher.

»Jede Zigarette, die er anzündete, gab ihm das Gefühl eines Anfangs, auch wenn er schon wußte, daß dieser Anfang zu nichts führen würde und er danach wieder einen Anfang machen mußte, um dieses schwebende Gefühl wachzuhalten, diese unruhige Ruhe des Bereitseins, mit der er nach vorne blickte, wo nichts zu sehen war, noch nichts.«

Es ist ein Zustand der Vorläufigkeit, dessen Leere und Nichtigkeit vom Ritual des Rauchens scheinbar überbrückt und doch immer wieder reproduziert wird, so daß nur noch das Phantasiebild eines späteren grandiosen Triumphes den schleichenden Verlust des Selbstgefühls aufwiegen kann.

»Alles war vorläufig. Jeder ausgerauchte, verschwelende Stummel, den er im Ascher zerdrückte, sagte ihm, daß diese eben vergangene Zeitspanne noch leer geblieben war. Doch häuften sich in seiner geheimen Rechnung alle diese nichtigen Anfänge zu einem riesigen Etwas auf, das plötzlich wie ein Umspringbild aus ihnen hervortreten würde. Irgendwann, wenn die Zeit reif war, würde er mit derselben Selbstverständlichkeit, mit der er sich seine Zigaretten anzündete, den ersten Satz eines neuartigen, die ganze zeitgenössische Literatur überbietenden Werkes schreiben und es mit der ungeheueren aufgestauten Kraft seines Wartens in einem einzigen Schaffenszug hervorbringen.«

Grandiose Phantasien wie diese gehören zur Stimmung der Latenzphase und sind zunächst einmal durchaus normal. Ohne vorauseilende Vorstellungen würde vielleicht niemand mit dem Schreiben beginnen. Da es in der Gegenwart keinen Zuspruch und keine Förderung gibt, muß aller Antrieb aus der imaginierten Zukunft kommen. Der künftige Autor, den noch niemand kennt, lebt, ganz auf sich selbst verwiesen, in einem irrealen Raum. Er hat noch kein Pfand der Zukunft in der Hand, wie beispielsweise einen Verlagsvertrag, der ihn mit einem Vorschuß zu einem Ergebnis verpflichtet und ihm vielleicht sogar Termine setzt. Statt dessen besitzt er den unschätzbaren Vorteil, mit seinen Träumen allein zu sein. Ungehemmt kann er in ihnen schwelgen, sich von ihnen erheben und beflügeln lassen, ohne schon den kritischen Einspruch oder den Spott feindlicher Instanzen fürchten zu müssen. Während er an seinem ersten Werk arbeitet, ist er ganz sich selbst überlassen, doch im imaginären Sinne keineswegs allein. Vielmehr fühlt er sich von den zustimmenden Blikken namenloser, freundlicher Geister umgeben. Sie vertreten sein künftiges Publikum, die begeisterten Leser, auf die er, ohne es je zu sagen, hofft, eine stärkende, motivierende Phantasie, die so grandios, wie er sie träumt, sich vermutlich nicht verwirklichen wird.

Es spricht viel für die These, daß dies ein Echo früher Erfahrungen sei. Man wird seelisch geboren, indem man wahrgenommen und akzeptiert wird. Gespiegelt durch den wohlwollenden Blick der nächsten Menschen, entwickelt man allmählich ein Gefühl für das eigene Selbst. Der Autor, dort in seinem Arbeitszimmer, wiederholt diesen Prozeß unter erschwerten Bedingungen. Erneut will er prüfen, ob er im Blick der anderen die Zustimmung findet, die er in den Anfängen seines Lebens wenigstens zum Teil bekommen hat, später aber auch oft vermißt haben mag. Er sucht sie diesmal auf dem Umweg über ein Werk, das für ihn eine Objektivierung seiner besten Möglichkeiten darstellt. Und er will nicht anerkannt werden für die Erfüllung von Normen und Erwartungen, sondern für den eigenen Weg, das originale Werk, das eine Entsprechung seines wahren Selbst ist.

Es macht den Zauber mancher Erstlingswerke aus, daß sie aus einem solchen, nicht einmal ganz bewußt gewordenen Traum zu stammen scheinen. Selbst wenn sie Vorbildern folgen, können sie noch frisch und original wirken. Die folgenden Werke aber werden unter veränderten Bedingungen geschrieben. Der Autor hat nun Erfahrungen mit der Öffentlichkeit gemacht. Vorurteile sind entstanden, Erwartungen wurden geweckt, und es kann sein, daß es ihm nicht gelingt, dies alles beim Schreiben wieder zu vergessen. Sogar ein großer Erfolg kann bedrückend wirken und den nächsten Werken im Wege stehen.

Doch kehren wir noch einmal zur Situation des Anfangs zurück, zu dem Autor, der heimlich schreibt und den noch niemand kennt. Auch er ist nicht immer nur mit den guten Geistern allein, die ihn in seiner Arbeit bestärken. Feindliche Stimmen können in den inneren Schutzbereich eindringen und den Autor in eine quälende Auseinandersetzung verstricken, bei der er seine Sicherheit verliert. Das habe ich einige Jahre vor den zitierten Texten in dem Roman »Die Schönheit des Schimpansen« dargestellt. Der Student Klaus Jung verpfuscht sein Leben, weil er daran scheitert, seine Examensarbeit zu schreiben, und schließlich auf den Ausweg verfällt, eine Fälschung zu begehen und eine ältere Arbeit zum selben Thema abzuschreiben. Ängstliche Überbewußtheit ist die Ursache von Jungs Scheitern. Er glaubt, alles auf einmal sagen und seine Sätze nach allen Seiten absichern zu müssen. Nicht das, was er selbst sagen möchte, sondern was andere ihm sagen könnten, beschäftigt ihn. Er versucht schon darauf zu antworten und allen möglichen Einwänden zuvorzukommen, bis er sich mit wachsender Panik nur noch in einem ausweglosen Kreis überarbeiteter Überarbeitungen und korrigierter Korrekturen bewegt.

Es ist übrigens bezeichnend, daß nicht der geistige Entwurf, sondern das Schreiben das Problem darstellt. Die Gedanken sind noch Innenwelt. Keiner kann an sie heran. Der geschriebene Text macht die Gedanken dingfest und ruft so die Vorstellung von Kontrolle hervor. Klaus Jung wird erst von »einem unüberwindbaren Willens- und Geisteskrampf« befallen, als er versucht, seine Arbeit zu schreiben.

»Im Kopf hatte er sie bereits fertig gehabt, schon bei der Wahl des Themas und dann beim Lesen der Literatur hatte sie sich mit geisterhafter Leichtigkeit in ihm zusammengesetzt, aber nur mit umständlichen, feierlichen Vorbereitungen hatte er sich dem Schreiben zu nähern gewagt und war schon auf den ersten Seiten gescheitert.

Sein Problem war, daß er nicht alles auf einmal sagen konnte und ihm jeder Satz willkürlich, ungenau und schutzlos erschien, so daß er ihn in immer neuen Überarbeitungen nach allen Seiten zu vervollständigen und zu sichern suchte, bis der Gedanke in einem undurchschaubaren Rankenwerk von Beistellungen und Erläuterungen erstickt war. Das Schlimmste war, daß er das wußte, und doch unter Strömen von Angstschweiß, dessen Geruch sein kleines Zimmer erfüllte, in einer widerlichen, zwanghaften Nachäfferei und Selbstverhöhnung immer wieder fast denselben Satz hervorbrachte. Und jedesmal, wenn er einen dieser verfehlten Anfänge zerrissen hatte und auf einem neuen, frischen Blatt wieder begann, kann ihm schon das Erscheinen der ersten Worte in seiner schwarzen, schwankenden, immer mehr zerfallenden Schrift wie das Symptom einer ekelhaften und beschämenden Krankheit vor, die in Ohnmacht und Selbstbesudelung endete, einem verworrenen, unleserlichen Geschmiere durchgestrichener, eingeklammerter, aus den Zeilen gerutschter und an den Rand geschriebener Wörter, das er in einem stillstehenden Entsetzen betrachtete, weil es die Hervorbringung eines Betrunkenen oder eines Wahsinnigen zu sein schien.

Das bin ich, hatte er gedacht, das da, das da. Da vor ihm lag das Zeugnis seiner Niederlage, seines verlorenen Wertes. Er schaute darauf, den Kopf in seinen Händen vergraben, in Augenblicken brausender Gedankenleere, aus denen immer wieder, wie ein jäher Wechsel von Hitze und Kälte, die Gewißheit auftauchte, daß er verloren war.«

Erst nachdem er ernsthaft krank geworden ist, gibt Jung auf und beginnt mit der Fälschung. Er gleitet allmählich in sie hinein. Dabei holt er die Stimmung intuitiven Arbeitens nach, in die er vorher, unter der Fuchtel seiner zwanghaften, ängstlichen Selbstkontrolle, nicht gelangen konnte. Jetzt freilich ist das Allmachtsgefühl, in das er sich hinüberträumt, ein Selbstbetrug.

»Er war allein in seinem Zimmer, allmächtig und geschützt, und alle Tage flossen in einer sanften Strömung dahin. Er hatte die andere Arbeit neben sich auf dem Tisch liegen und übertrug den Text Satz für Satz, als pflanze er ein Beet um, von dem fremden auf das eigene Blatt, anfangs noch mit Kürzungen, Umstellungen, anderen Formulierungen, aber je mehr er dieses Gefühl von Allmacht und Geheimnis in sich groß werden ließ, verzichtete er darauf, weil es den Zustand träumerischer Aneignung störte, in dem er sich befand.«

Jungs Flucht in die Irrealität des Betruges ist natürlich ein extremer Fall, obwohl ich dafür ein reales Beispiel hatte, nämlich einen Mann, der seiner Frau über ein Jahr lang nicht nur ein bestandenes Examen, sondern auch den nachfolgenden Beruf vorgetäuscht hat und sein Geld inzwischen anders verdiente.

Und noch ein anderes Bild tritt mir vor Augen: ein Schriftsteller, der völlig abgemagert und fast bewußtlos von Schlafmitteln in seinem schmutzigen Bett lag. In seiner Schreibmaschine steckte ein angefangener Brief, in dem er einer Freundin von der Vollendung seines Romans berichtete. Nichts davon war wahr. Es existierte nur ein Drittel des Buches, und seit einem halben Jahr hatte sich nichts mehr weiterbewegt. Anscheinend hatte ich diese schwere Hemmung ausgelöst, als ich, nach stets neuer Zustimmung und Ermutigung, einmal etwas Kritisches über das entstehende Buch gesagt hatte. Ohnehin hatte er jahrelang nicht schreiben können und war statt dessen auf einen langen Weg der Selbstzerstörung geraten. Erst nahe dem Ende, als weitere Selbstbestrafung den Tod bedeutet hätte, hatte er sich aufgerafft und den Roman zu schreiben begonnen. In seiner inneren Rechnung hatte sein Leiden die feindlichen Instanzen versöhnt. Er hatte vorweg alle Strafen abgedient, die für sein Gefühl auf einen so hybriden Akt der Selbsterhöhung, wie es für ihn das Schreiben eines Buches war, unweigerlich folgen mußten. Und er hatte zur Beschwichtigung der feindlichen Instanzen, die über sein Bewußtsein herrschten, sich sogar vorgenommen, ein nachlässiges, rohes, schlecht geschriebenes Buch zu schreiben, um gleichsam als eine graue, unauffällige Maus unterhalb seiner eigenen strengen Maßstäbe durchzuschlüpfen. In einer anderen Kammer seines Bewußtseins wußte er jedoch, daß das nicht stimmte und er in Wirklichkeit ein subtiles, außerordentliches Buch schrieb, das, wie er glaubte, die ganze zeitgenössische Literatur in den Schatten stellte. Er konnte großen Charme haben, wenn er in guter Verfassung war, und das hieß, wenn er erfolgreich schrieb. Größenwahn und Demutshaltungen gingen dann schillernd ineinander über. Es waren nur noch Attitüden, mit denen er so verwirrend spielte, daß alles immer an sein Gegenteil grenzte. In solchen Situationen war er ein großartiger Erzähler. Doch so glaubhaft und zuhörenswert er über sein Buch sprach – man konnte nie ganz sicher sein, ob nicht alles nur eine narzißhafte Phantasie war. Er wollte schon die Bewunderung ernten, die erst dem vollendeten Buch hätte gelten sollen, und ich nehme an, daß der Wind, der dann seine Segel blähte, abflaute, sobald er allein war und ihm der weite Weg vor Augen kam, den er noch gehen mußte, bis wirklich werden konnte, was er jetzt nur geträumt und gespielt hatte.

Immerhin, trotz Zusammenbrüchen und schweren Krisen, hat er dieses Buch geschrieben. Es heißt »Die Annäherung an das Glück«, ein Titel, den ich ihm vorschlug, da er selbst keinen finden konnte. Das Buch war sein Leben, und wer kann seinem Leben schon einen Titel geben? Obwohl er danach noch ein Buch geschrieben hat, ist der Autor, Günter Steffens, inzwischen fast vergessen. Ich glaube, mit einem Teil seines Bewußtseins hätte er das durchaus richtig gefunden: Was für eine sinnlose, anmaßende Anstrengung, ein Buch zu schreiben, wo doch ohnehin alles den Bach hinuntergeht. Andererseits aber gab es für ihn keinen anderen Lebenssinn.

Wer sich in der Szene auskennt und weiß, wie vielen Menschen das Schreiben eines Buches als die höchste Form der Selbstentfaltung erscheint, weiß auch, wie groß die hier lauernden Gefahren der Irrealität sind und wie wahrscheinlich Enttäuschungen, Lebenslügen und depressive Zusammenbrüche. Schreiben ist eine harte, einsame, riskante Arbeit, die man nie endgültig lernt, eine Arbeit ohne Sicherheiten und Erfolgsgarantien, mit der man sich unwägbaren und grausamen Selektionsmechanismen aussetzt und bei der Glück und Unglück, von Zufällen entscheidend mitbestimmt, dicht beieinanderliegen. Sich unter diesen Umständen zu behaupten und unirritiert seinen eigenen Weg zu suchen, das stellt Anforderungen an die Seelenkräfte, die unerfüllbar wären, leuchtete nicht immer wieder die ferne Fata Morgana des grandiosen Gelingens in die endlosen Arbeitsmonate und Jahre hinein.

Doch ist gerade dies zutiefst zweideutig, sowohl Trugbild wie schöpferische utopische Kraft. Wieviel Ablehnung, Unverständnis, wieviel Armut und Elend mußte nicht James Joyce ertragen, bevor er als einer der bedeutendsten Schriftsteller unseres Jahrhunderts anerkannt wurde. Und woran soll nun ein unbekannter Autor erkennen, daß er in Gefahr ist, in eine Lebensfalle zu geraten, wenn er sich in seinen Niederlagen und Enttäuschungen an der Unbeirrbarkeit des jungen Joyce ein Beispiel nimmt? Jeder Lektor, jeder Redakteur kennt die heroischen oder verrannten unbekannten Schriftsteller, die, ohne je gedruckt zu werden, ein Manuskript nach dem anderen schreiben und mit immer wieder aufflammender Hoffnung in vielen Exemplaren an viele Adressen schikken, die aus jeder freundlichen, anerkennenden Wendung in den Absagebriefen neue Zuversicht schöpfen und wieder an ihren Schreibtisch zurückkehren, die verzweifelte Briefe an sogenannte Autoritäten schicken, in denen sie sich bereit erklären, auch ein vernichtendes Urteil ernsthaft entgegenzunehmen, wenn es denn wahr wäre und sich belegen ließe. Und wer will es schon aussprechen, dieses Urteil, angesichts der unübersehbaren Tatsache, daß von bekannten Autoren auch schon schlechtere Texte gedruckt worden sind.

Glücklicher, so möchte man meinen, sind da diejenigen dran, die sich gar nicht erst auf die Prüfungen des Schreibens einlassen, sondern sich, wie Stefan Rodert in der Erzählung »Die Augen«, mit dem Traum vom Schreiben zufriedengeben. Alles bleibt dann offen, alles steht noch bevor. So kann man lange in grandiosen Phantasien leben und allen Kränkungen und Enttäuschungen entgehen. Doch sobald man sich mit dem geheimen Selbstbild hervorwagt, droht der Absturz auf den Boden der Tatsachen und in die Fänge der Ironie. Vor sich selbst wird der Phantast allerdings nicht zugeben, daß er jede Realitätsprüfung vermeiden wird, sondern immer Gründe finden, sie aufzuschieben. Und in mancher Hinsicht hat er damit recht. Wer beispielsweise Flauberts Klagen über die Qualen des Schreibens kennt, kann niemandem raten, sich vergleichbaren Erfahrungen auszusetzen.

Und doch hätte auch Flaubert niemals davon lassen können. Aufzuhören mit dem Schreiben, das hätte für ihn, wie für die meisten Schriftsteller, bedeutet, ins Nichts, in die Wesenlosigkeit zurückzutreten. Das ist mit der Theorie vom verschobenen Narzißmus versuchsweise erklärt worden. Schon durch den enormen Lebensverzicht, den die Kraft und Zeit verschlingende Arbeit des Schreibens bedeutet, hat der Schriftsteller seinem Werk einen absoluten Vorrang gegenüber seinem Leben und seiner konkreten Person eingeräumt. So ist es nicht verwunderlich, daß für sein Gefühl nur noch das Werk ihn angemessen repräsentiert. Seine private Person erscheint ihm daneben vergleichsweise trivial und uninteressant. »Unterhaltlich bin ich kein Matador«, so hat Gottfried Benn seine Besucher gewarnt, die angesichts der Faszination seiner Texte verwirrt waren, einem etwas zeremoniellen, zurückhaltenden, vor Schüchternheit auffallend leise sprechenden Menschen zu begegnen, der, wenn die Unterhaltung über bloßen Small talk hinausging, auf Zitate aus seinen Büchern zurückgriff, weil er sich mit ihnen sicherer fühlte. Ähnlich enttäuschend steif und konventionell soll Thomas Mann gewirkt haben, so daß sein Bruder Heinrich sich zu der Bemerkung veranlaßt fühlte: »Es gibt kein Genie außerhalb der Dienststunden.« Sicher erscheinen nicht alle Autoren so, aber Erosionsspuren von langer erschöpfender Arbeit zeigen wohl die meisten.

Doch muß man daneben die vielen Äußerungen von Autoren stellen, die die stärkenden, befreienden, ja berauschenden und erleuchtenden Wirkungen des Schreibens bezeugen. Alles, was im Leben ungeklärt, unbewältigt, unbegriffen geblieben ist, wird auf einmal angstlos anschaubar und verfügbar. Im Schreiben scheinen viele Autoren andere Menschen zu werden, wissender, verstehender, mutiger, freier und belastbarer als in ihrem praktischen Leben. Und viele haben gesagt, daß diese Erfahrung sie zwar nicht für immer von ihren Leiden und Ängsten geheilt, aber immer wieder gerettet habe. Schreibend haben sie ihre Gefühle geordnet, ihre Widersprüche und Konflikte aus sich herausgestellt und sind so zum Subjekt ihres Lebens geworden. Und sie haben auch über sich hinausgeblickt, indem sie andere Menschen dargestellt haben, verstrickt wie sie selbst in Zufälligkeiten und Zwänge, so daß keiner mehr als des anderen Richter erschien.

Je öfter die Grenze zwischen den beiden Daseinsformen überschritten wird, um so geringer wird auch der Widerstand gegen das Schreiben. Die Schwelle zum anderen Zustand ist niedriger geworden, obwohl sie sich jeden Morgen wieder bemerkbar macht und nur mit einem Willensimpuls, einem Ritual der Annäherung oder Vorbereitung überschritten werden kann. Jeder hat da seine eigenen Gewohnheiten entwickelt.

Ich zögere morgens den Beginn des Schreibens mit Zeitunglesen und ähnlichen Beschäftigungen eine Weile hinaus. Ich sage mir, daß ich mich nicht unter Druck setzen will, aber es ist eine Situation, in der ich den inneren Druck wachsen fühle. Also gehe ich irgendwann in mein Arbeitszimmer und setze mich an die Schreibmaschine. Ich beginne damit, den gestern geschriebenen Text abzuschreiben, als sei das eine Lockerungsübung, und immer noch wie beiläufig, beginne ich ihn zu verbessern. Ich sehe Mängel und bessere Möglichkeiten und komme so über das Kopieren wieder ins Schreiben hinein.

Im schon geschriebenen Text stecken nicht nur die Ansätze für das Neue, sondern auch eine gewisse Gewähr dafür, daß es weitergeht. Fünfzig gelungene Seiten geben schon eine gewisse Sicherheit, wie auch, in einer größeren Dimension, die schon geschriebenen Bücher zum Ausgangspunkt neuer Bücher werden können. Jedes fertige Buch ist wie ein gelöstes Problem, durch das neue Probleme erkennbar und lösbar werden, und allmählich können sich so die einzelnen Bücher zu einem Lebenswerk zusammenschließen. Je deutlicher sich ein solcher größerer Zusammenhang abzeichnet, um so sicherer kann sich der Autor vor diesem Hintergrund bewegen. Denn das werdende Ganze bildet eine Struktur, in der alle einzelnen Texte, auch Nebenarbeiten, Umwege, vermeintliche Irrtümer, einen Platz bekommen und sich gegenseitig stärken.

Umgekehrt aber wird der Autor, während er schreibt, durch die Enge seines Bewußtseins davor geschützt, die ganze Last der noch ungeschriebenen Seiten ständig vor Augen zu haben. Immer hat der nächste Einfall Vorrang vor dem Ganzen, das als ferner, noch mehr oder minder unbestimmter Horizont im Hintergrund leuchtet und sich auch immer wieder verdunkeln kann. Das sagt noch nichts über die Reihenfolge der Arbeitsschritte. Der Text kann mit Vor- und Rückgriffen, aber doch immer nur Satz für Satz, Absatz für Absatz geschrieben werden, und hier, im einzelnen und besonderen, entscheidet sich, welche noch nicht gesehenen Möglichkeiten und Probleme im weiteren Verlauf des Schreibens auftauchen werden. Das ist, als sei der entstehende Text dem Bewußtsein voraus.

So zwischen Gesamtgestalt und Detail, Plan und Einfall, Weite und Enge hin und her pendelnd, läßt sich auch lernen, mit dem Widerstand des entstehenden Werkes elastisch umzugehen. Es kommt nicht darauf an, den Widerstand mit Gewalt zu brechen, sondern ihn wie ein erfahrener Judokämpfer durch Richtungswechsel und Gewichtsverlagerungen auszuhebeln, um auf diese Weise zu entdecken, wohin der Text selber will. Es ist mir auch schon passiert, daß ich vom Schluß eines Buches überrascht worden bin. Man muß das Ende möglichst lange hinauszögern, dann plötzlich kann ein Sättigungsgrad erreicht werden, der keine neuen Impulse und Materialien mehr zuläßt: Genug. Das Buch ist fertig.

Manche Autoren bekennen, daß sie nach dem Abschluß eines Buches, den sie lange herbeigesehnt haben, zwar eine kurze Phase der Freude und Begeisterung erleben, aber dann regelmäßig in einer Depression versinken. Was mag es sein? Eine unbewußte Selbstbestrafung, vorweggenommene Enttäuschungen, das Wissen, daß die grandiosen Phantasien sich nicht erfüllt haben? Der Widerstand gegen das Schreiben baut sich damit aufs neue auf, ebenso der Zwang, ihn erneut zu überwinden. Doch zumindest während des Schreibens taucht manchmal eine andere, vielleicht utopische Vorstellung auf: irgendwann alles, was es zu sagen gab, aus sich herausgeschafft und objektiviert zu haben und in ruhiger Gelassenheit zurückzubleiben. Nicht mehr schreiben zu müssen scheint das geheime Ziel des Schreibens zu sein. Das Gefühl der Entspannung nach der Vollendung eines Werkes oder auch schon einer kleineren Arbeit ist davon eine Vorahnung, wie umgekehrt im Widerstand gegen das Schreiben ein Protest laut wird gegen den weiten, ungewissen Weg dorthin.

Der Treibsand der Gefühle und die Freiheit, glücklich zu sein

1986

Als vor etwa zehn Jahren Ingmar Bergmans Film »Szenen einer Ehe« in den Kinos lief, machte ich beim Betreten des Zuschauerraumes eine seltsame Entdeckung: fast das gesamte Publikum bestand aus jüngeren Paaren. Man konnte glauben, in eine geschlossene Gesellschaft, in eine Sondervorführung für eine bestimmte soziale Zielgruppe geraten zu sein. Was erwarteten diese Leute? Welches besondere Interesse hatte sie hergeführt? Offenbar wollten sie sich einträchtig ansehen, wie man Trennungskämpfe durchficht und welche Grade der Exaltation inzwischen dabei tolerabel waren. Ich nehme an, einige hatten schon entsprechende Erfahrungen hinter sich, und fast allen standen sie bevor. So waren sie wohl gekommen, um Maß zu nehmen. Sie übten ihre zukünftigen Dialoge ein. Kurz danach bekam ich von alten Freunden eine Einladung zur Silbernen Hochzeit. Die beiden waren also zusammengeblieben, und sie betonten diese Erfüllung einer traditionellen Norm, indem sie in ihrer Einladung spielerisch kokett auf Bergmans Film verwiesen. Alle Gäste ihres Festes sollten ihn sich vorher ansehen. Denn ohne eine konkrete Anschauung der neuen Normen und Verhaltensweisen, die der Film wie einen Musterprozeß in exemplarischer Breite vorführte, konnte man doch heute den altmodischen und melancholischen Charme einer Silbernen Hochzeit gar nicht richtig würdigen.

Das ist das emotionale Klima, in dem wir seit einiger Zeit – spätestens seit der zweiten Hälfte der sechziger Jahre – leben. Die Neuartigkeit dieser Erfahrungslage wird besonders deutlich, wenn man sie vor dem Hintergrund der tödlichen Liebesdramen des 19. Jahrhunderts sieht. Liebe und Leidenschaft waren auch damals schon als autonome Lebensmächte begriffen, hatten aber in Ehe und Familie und sozialem Stand einen institutionellen Gegenhalt, der im Falle des Konfliktes in der Regel stärker war und den Normbrecher tragisch scheitern ließ. Die große Literatur des 19. Jahrhunderts von Goethe über Stendhal, Flaubert und Tolstoi bis hin zu Fontane hat den Ehebruch als das zentrale Drama der bürgerlichen Kultur dargestellt, und fast immer endet es für die Helden und Heldinnen dieses Kapitels der menschlichen Gefühlsgeschichte tödlich. Das Ende war meistens doppeldeutig: Es verklagte die herrschende Norm, an der die leidenschaftliche Liebe scheiterte, als Entfremdung und lebensfeindliche institutionelle Gewalt, kritisierte aber auch die Monomanie und realitätsblinde Absolutheit des Glücksstrebens. So gehen Emma Bovary und Anna Karenina nicht nur an der feindlichen Umwelt, sondern auch an sich selbst zugrunde. Doch während sie, von außen und innen in die Enge getrieben, sich gewaltsam und dramatisch umbringen, stirbt die kindliche Effie Briest mit erlöschendem Lebenswillen einen langsamen, stillen Tod. Das schrecklichste Beispiel verinnerlichter Schuld gibt Ottilie in den Wahlverwandtschaften, die sich selbst zum Tod durch Verhungern verurteilt, nachdem sie das Kind der Ehefrau ihres Geliebten in einer aus tiefstem Unbewußten stammenden Verwirrung hat ertrinken lassen.

Und heute? Noch immer gibt es tödliche Liebesdramen. Doch das individuelle Glücksstreben scheitert nicht mehr an der Härte des gesellschaftlichen Widerstandes und der Enge der herrschenden Moral, sondern an seiner eigenen Ideologisierung. Denn die Macht der Institutionen, die lebenslange eheliche Treue und vor allem von den Frauen ein erhebliches Maß an Triebunterdrückung verlangten, ist durchbrochen oder überlagert worden von dem neuen, emanzipatorischen Ideal der Selbstverwirklichung. Der den neuen Normen genügende Mensch muß, frei von Hemmungen und »falschen« Schuldgefühlen, seinen »wirklichen« Bedürfnissen und Gefühlen Ausdruck verschaffen. Er muß lustfähig, erfahrungsfähig, wandlungsbereit, spontan und kreativ sein, und dies vor allem auch in der Sexualität.

Hier spiegelt sich der neue Hedonismus der fortgeschrittenen, hochautomatisierten Industriegesellschaft, in der die Menschen als Arbeitskräfte ständig an Bedeutung verlieren, aber als Konsumenten der massenhaft produzierten Güter immer wichtiger werden. Der menschliche Körper, jahrhundertelang zugerichtet für schwere, entbehrungsreiche Arbeit, wird umerzogen zu Genuß und Verbrauch, und das Leistungsprinzip verlagert sich, maskiert als Aufforderung zum vollen Lebensgenuß, auf den unentwegt wachsenden Bereich der Freizeit. Während die klassische Psychoanalyse die Menschen in dem tragischen Widerspruch von Lust- und Realitätsprinzip sah und ihnen zumutete, dazwischen einen schwierigen, entbehrungsreichen Ausgleich zu finden, hat die sogenannte humanistische Analyse unserer Tage sehr viel optimistischer die Idee des sich selbst verwirklichenden, alle seine Möglichkeiten aktualisierenden Menschen entwickelt. Neben ihr hat sich, ausgehend von Freuds abtrünnigem Schüler Wilhelm Reich, als der eigentliche Sieger der Szene mit einem riesigen Spektrum von Selbsterfahrungs- und Therapiegruppen eine behavioristische Sexologie breitgemacht, die die Herstellung der »vollen Orgasmusfähigkeit« zum therapeutischen Programm erhoben hat. Schon Reich hatte alles Übel in der Welt oder »die emotionale Pest«, wie er es nannte, auf Störungen der orgastischen Potenz zurückgeführt, aber am Primat der genitalen Sexualität noch festgehalten. Inzwischen sind diese normativen Abgrenzungen weitgehend aufgelöst. Fast alles, was früher als Perversität galt, wurde als Variante eingegliedert. Nicht mehr die Abirrungen, sondern die den freien Lustgewinn störenden Dysfunktionen wurden zum therapiebedürftigen Übel erklärt. Ziel scheint die chancengleiche Internationale der freien Sexualpartner zu sein, die, organisiert von einer blühenden Freizeitindustrie und den wachsenden Wunschtraumplantagen der Bekanntschaftsanzeigen, sich zu einem riesigen sexuellen Tauschmarkt entwickelt hat, auf dem jeder für jeden als Angebot und Nachfrage auftritt. Das alles hat einen vielfachen Widerhall in den Medien und vor allem in der Werbung, die nach einem älteren, aber signifikanten Slogan »Genuß ohne Reue« verspricht und dies mit sonnengebräunten, erotischen heiter gelösten Fotomodellen ihren Adressaten vor Augen führt. Aber auch die traditionellen Sozialisationsinstanzen wie Elternhaus und Schule sind von diesem Klima durchdrungen worden. Sie hätten keine Chance, sich ihm zu verweigern. Wer es versucht, ist out und kämpft auf der Seite der historischen Verlierer.

Und doch ist dies alles nur die bunte Schauseite der neuen hedonistischen Zivilisation. Diese heitere, sinnliche Welt, die Glück für alle verspricht und jeden zum fröhlichen Mitmachen einlädt, jovial wie der Quizmaster, der ein paar Herren und Damen zu neckischen Spielchen auf die Bühne bittet, diese vermeintliche Demokratie des Konsums und der unbeschränkten Selbstverwirklichung erzeugt natürlich massenhaft Verlierer und treibt sie als Gestörte in den Alkoholismus, die Depression und in die Therapiegruppen, wo sie unter Anleitung eines therapeutischen Spielleiters das großartige Leben eines sich selbst verwirklichenden Menschen wieder einüben können.

Doch ist die Wiederherstellung der Fähigkeit, ein selbstgestaltetes, befriedigendes Leben zu führen, oft nur der Vorwand für das viel bescheidenere Bedürfnis, Halt zu finden in einer Bergungsgruppe. Wenn Leute von »meiner Gruppe, meinem Therapeuten« reden, dann klingt das nicht anders, als sagten sie »mein Mann, meine Frau, meine Familie«. Sie suchen in der Gruppe denselben Schutz, den sie früher in Ehe und Familie gefunden haben.

Obwohl es das alte Leiden an der Einschränkung der Lebensimpulse und Wünsche durch die Institutionen von Ehe, Familie und Besitz in abgemilderten Formen zweifellos immer noch gibt, verbreitet sich immer mehr das gegenteilige Bedürfnis nach mehr Außenhalt für das eigene Leben und nach dauerhaftem Sinn. Institutionell ist das offenbar nicht mehr zu beschaffen. Nur noch im Kitschroman laufen die Liebenden nach der unruhigen oder stürmischen Zeit der Partnersuche in den sicheren Hafen der Ehe ein und sind dann dauerhaft geborgen, wie es im christlichen Sakrament der Unauflöslichkeit der Ehe gedacht war. Heute verbürgt die Institution selbst keinen Sinn mehr, sondern ist nur noch das, was die Ehepartner aus ihr machen. Ähnlich wie eine freie Partnerschaft wird die Ehe einer ständigen Prüfung unterzogen: Ist sie noch lebendig und entwicklungsfähig, oder ist sie leer und ritualisiert? Lohnt es sich noch zusammenzubleiben, oder ist es besser, sich zu trennen? Natürlich verlaufen Trennungsprozesse selten symmetrisch, sondern eher so, wie es Ingmar Bergman in »Szenen einer Ehe« dargestellt hat. Aber sie sind nur der dramatische Teil einer grundsätzlichen Labilität, die mit der Kündbarkeit des Vertrages zusammenhängt und an die Stelle unbefragter Gewißheit eine ständig befragte Ungewißheit gesetzt hat, weil Leben in moderner Auffassung eben Entwicklung, Veränderung und auch wiederkehrende Krise bedeutet und nicht ritualisierte Wiederholung des Gewohnten und Bewährten.

Die Gespräche, die Eheleute (vorwiegend in Krisen) und Liebespaare (vor allem während des Kennenlernens) miteinander führen, stehen unter dem Gebot der Aufrichtigkeit und sind zugleich intim und inquisitorisch. Man will den äußeren Schein durchdringen und sich gegenseitig fragen, wer man wirklich sei, was man wirklich empfinde und denke, und was man denke, daß es der andere denke und empfinde, und so fort in wechselseitiger Spiegelung. Eine so hochgradige psychologische Intellektualisierung der menschlichen Beziehungen hat es, wenigstens als Massenkultur, bis vor kurzem nicht gegeben. Identität wurde von der sozialen Rolle gestiftet, und solange man rollengemäß handelte, wurde sie nicht in Frage gestellt. Man war eingebettet in eine soziale Umwelt, und nur in diesen praktischen Zusammenhängen hatte man auch eine persönliche Identität. »Das ist heute anders geworden«, schreibt der Soziologe Thomas Luckmann. »Das Ich hebt sich nunmehr von seinem sozialen Lebensumkreis ab. Die Reflexionswürdigkeit und Reflexionsbedürftigkeit des Ich ist heutzutage zum Gemeinplatz geworden.« Wer bist du wirklich, was denkst du, was fühlst du wirklich? Diese Fragen im Stil der neuen Aufrichtigkeit stellen sich vor allem Liebespartner, die auf die Sinngebungskraft der Institutionen nicht mehr setzen und gemeinsam eine private Innenwelt schaffen wollen, die sie wie eine Schutzhülle gegen die Anfechtungen und Kränkungen der Außenwelt isoliert. Vermutlich hat Theodor Reik recht, wenn er diese Versuche einer symbiotischen Liebe, in der man sich gegenseitig zum Ichideal erhebt und miteinander zu verschmelzen sucht, als Selbstheilungsversuche angeschlagener Seelen beschreibt. Wer leidet, mit sich unzufrieden ist, wer bewußt oder unbewußt einen existentiellen Mangel empfindet, wer also nach Trost, Kompensation, Bestätigung und Bestärkung sucht, ist besonders disponiert, sich zu verlieben. Und wer liebt und geliebt wird, ist zunächst einmal gerettet.

Doch Liebe ist keine auf Dauer gestellte Einrichtung, sondern etwas Ungewisses und Veränderliches, das von Tag zu Tag eine neue Echtheitsprobe zu bestehen hat: Liebst du mich noch? Verstehst du mich? Sind wir uns noch einig? Man hört die Angst aus diesen Fragen heraus. Es ist die Angst, zurückgestoßen zu werden in die Einsamkeit und Entfremdung einer Gesellschaft, die außer der weitläufigen Aufforderung, glücklich zu sein und sich selbst zu verwirklichen, keine verbindlichen Sinnangebote bereithält und die Menschen sich selbst überläßt. Woran sollen sie sich halten? Religion und institutionsgebundene Moral haben für die meisten ihre Überzeugungskraft verloren, und die entfremdete Arbeit, die die meisten verrichten müssen, reicht als lebensbereichernde Erfahrung nicht aus. So bleibt die Beziehung zu einem Liebespartner die wichtigste Sinnquelle. Alles erwartet man davon: Heilung der narzißtischen Wunden, Selbstentfaltung, Sicherheit und, wie Niklas Luhmann analysiert, die wechselseitige Bestärkung und Bestätigung der eigenen Selbstdarstellung. Alles, was früher einmal institutionell vermittelt und gestützt wurde, ist nun auf sich selbst gestellt.

Man steht damit auf unsicherem Grund. Wo so viel gekränkter Narzißmus im Spiel ist, wie die auf Konkurrenz und Erfolg eingeschworene Gesellschaft ihn täglich erzeugt, sind Selbsttäuschungen und paarweise Illusionen unvermeidlich. Der permanente Aufrichtigkeitsdialog will solchen Korrosionen durch ständige Überwachung der Gefahrenstellen entgegenwirken, aber natürlich sind alle Nuancen von Betrug und Selbstbetrug mit der Aufrichtigkeit vermischt, wie die gängige Floskel »ehrlich du« verrät, die beiläufig unterstellt, daß eigentlich Unehrlichkeit erwartbar wäre.

In Doris Lessings »Goldenem Notizbuch« findet sich ein Entwurf zu einer Novelle über dieses Thema der unaufrichtigen Aufrichtigkeit. Ein Mann und eine Frau, in einer längeren Beziehung oder Ehe miteinander lebend, lesen heimlich die Tagebücher des Partners, um auf diese Weise ihre ritualisierten Gespräche zu ergänzen und zu erfahren, wer sie wirklich sind und was sie voneinander denken. Beide wissen inzwischen, daß sie auf diesem mittelbaren Weg miteinander verkehren, und eine Zeitlang sehen sie darin eine Chance und halten sich an das unausgesprochene Gebot der Aufrichtigkeit. Dann allmählich beginnen beide ihre Tagebücher zu fälschen, weil sie den anderen täuschen und beeinflussen wollen. Und um sich seelisch zu behaupten und nicht in diesem Sumpf zu versinken, führen sie nun jeder noch ein zweites geheimes Tagebuch, dem sie ihre wahren Gedanken und Gefühle anvertrauen. Dann entdecken sie gegenseitig ihre geheimen

Tagebücher und gehen in einem schrecklichen Streit für immer auseinander.

Das ist ein zugespitztes Beispiel für die Schwierigkeit, im Ausgleich zwischen den entgegengesetzten Bedürfnissen nach Einssein und Abgrenzung und unter dem Dauerstreß einer hybriden Reflektiertheit einen tragfähigen gemeinsamen Lebenssinn herzustellen. Aber wie sollen sich alle diese Glücksucher auf dem wachsenden Markt der hedonistischen Demokratie zurechtfinden? Worauf sollen sie bauen, wenn nicht auf der Evidenz des Gefühls? Und wie kann man andererseits nicht mißtrauisch sein angesichts so unsicherer Fundamente? So muß also geredet werden. Die bekennenden Liebesdialoge und die vorwurfsvollen Diskussionen sind Vertragsverhandlungen, mit denen man die gemeinsame Basis absteckt. Doch wenn man auf diesem immer wieder neu vermessenen Territorium nichts zu bestellen hat, kann es morgen schon verödet sein. Ohne andere Inhalte, Aufgaben, Außenhalte, nur aus sich selbst heraus, überlebt die Liebe nicht, weil sie sich weder bewähren noch verwandeln kann, sondern immer nur unverändert sie selbst sein soll, kontrolliert von der täglichen bangen Frage: Liebst du mich noch? Und wenn das bejaht wird, folgt gleich die nächste Frage: »Ist das auch wirklich wahr?«

Alle Evidenzen sind zweifelhaft geworden. Gemessen an der tragischen Klarheit der tödlichen Liebesdramen des vorigen Jahrhunderts, sind die unsrigen verworren und diffus. Damals liefen die Liebenden gegen die Wände der Institutionen, heute waten sie im Sumpf einer verschwommenen Glücksideologie. Damals stand der Feind außen, nun, sich selbst überlassen, werden sie sich selbst zum Feind. Überfordert von der Nötigung, ihre zufälligen individuellen Eigenschaften und Bedürfnisse zur alleinigen Grundlage ihres Glücks zu machen, und beunruhigt von der unbeschwichtigten Angst vor Ablehnung und Einsamkeit, umkreisen sie einander in chronischer Aufmerksamkeit, und allmählich wird die Liebe überschattet von der bangen Frage, ob der andere diese Liebe auch brauche. Nur das allein scheint eine Sicherheit zu versprechen, die von außen nicht mehr zu verschaffen ist. Denn wenn Trennungs- und Bindungsängste gegeneinander wüten, können die wechselseitigen Legitimationen über den Rekurs auf subjektive Bedürfnisse nicht mehr hinauskommen und sind so von vorneherein relativiert: Jeder hat recht und jeder hat unrecht, und so kommt es darauf an, wer sich am besten behaupten kann.

Um ein wenig sicherer zu werden, verlegt man sich schon im voraus auf diskrete Machtausübung oder Unterwerfung. Mit feinem Spürsinn verstärkt man die Schwächen des anderen und spinnt ein subtiles Netz wechselseitiger Abhängigkeiten, lauter empfindliche Signalfäden, an denen mal der eine, mal der andere zerrt und den Partner in Alarm versetzt. Und dies kann zum Ritual werden, das der Beziehung die ersehnte Dauer verleiht, obwohl inzwischen alles verlorenging, was man zu erhalten hoffte, und es nur noch die Dauer unabsehbarer Gefangenschaft ist. Der äußere Zwang, überwunden durch Aufklärung und Emanzipation, wandert nach innen und entsteht dort neu. Aus Liebespartnern sind Konfliktpartner geworden, verstrickt und zerstritten, zwei aneinandergefesselte Einsamkeiten, schrecklich fehlgelaufener Versuch, den vermißten äußeren Halt durch innere Hilfskonstruktionen zu ersetzen.

Der Schweizer Psychoanalytiker Jürg Willi hat in seinem Buch »Die Zweierbeziehung« eine ganze Reihe von Modellen fehlgelaufener gegenseitiger Anpassung beschrieben. Meistens sind es starr aufeinander bezogene Rollenspiele, in denen der eine den Part der Stärke, der andere den der Schwäche spielt, oder einer der Pfleger und der andere der Gepflegte ist, einer der Hysterische, der andere der Ruhige, immer auf Kosten verdrängter Persönlichkeitsteile und Entwicklungsmöglichkeiten, die dann, aus dem Nebel der Verdrängung heraus, das prekäre Gleichgewicht zerstören. Natürlich hat es schon immer solche Teufelskreise gegeben. Doch seitdem Glück und individuelle Selbstverwirklichung zum allgemeinen Lebensziel erhoben worden sind, wurden immer mehr latente, institutionell verkapselte Konflikte hochgereizt, und so haben sich die Krisen sprunghaft vermehrt. Man kann das den Preis der Freiheit nennen, so phrasenhaft das angesichts der vielen, aus diesem unsicheren Boden emporschießenden neuen Unfreiheiten auch klingen mag. Doch zweifellos ist der Bewegungs- und Gestaltungsraum menschlicher Glücksuche durch den Abbau von institutioneller Macht und moralisch festgeschriebener sozialer Rollen ungeheuer erweitert worden. Die am tiefsten reichende Veränderung ist die fortschreitende Emanzipation der Frau vom alten Schema polarer Geschlechtsrollen. Sie hat für beide Geschlechter einen weiten Spielraum neuer, beweglicherer Umgangsformen und Glücksmöglichkeiten eröffnet, aber auch Irritationen, Ängste, Probleme der Identitätsfindung und neue Machtkämpfe nach sich gezogen. In einem schwierigen kulturellen Lernprozeß wurden die alten, machtgestützten Verhaltensmuster zwar nicht vollkommen ausgelöscht, aber einer unbegrenzten individuellen und situationsgemäßen Umdeutung überlassen, deren einfachste, auch wieder krisenhafte, aber logisch einleuchtende Form es ist, die Rollen einfach auszutauschen oder umzudrehen.

Alles wird ausprobiert heute. Entgrenzung der Normen, Vermehrung der Möglichkeiten und Nuancen, Privatisierung und individuelle Selbstentfaltung stehen historisch auf dem Programm. Entsprechend haben sich auch die Formen des Unglücks geändert. Die starren Verdrängungskrankheiten, wie Somatisierungen und Charakterneurosen, sind seltener geworden und offenere Leidensformen haben sich ausgebreitet. Immer mehr Menschen, die an der Forderung, Glück und Sinn in ihr Leben zu bringen, scheitern, flüchten sich heute in den Rausch. Überall sitzen sie auf den Parkbänken, beruflich Ausgemusterte, denen die Lebenspartner weggelaufen sind. Sie sind zu großen Flaschenkindern regrediert und reden und reden sich in verschwommene Phantasien hinein, lallender Nachhall des überall pausenlos geführten Gespräches über das richtige, das wahre Leben.

Es steht seltsam damit, scheinbar paradox. Je unumstrittener das Ziel ist und je weniger Hindernisse ihm entgegenstehen, um so mehr nimmt es den Charakter einer Fata Morgana an. Glücklichsein, zum allgemeinen gesellschaftlichen Gebot erhoben, wird damit auch zum hochriskanten Spiel. Hat man auf das reine, von allen Entfremdungen der Institutionalisierung befreite Glück gesetzt, auf die nur aus sich selbst heraus lebende selige Symbiose, dann hat man auch das Stirb und Werde unaufhaltsamer Veränderungen mit in Kauf genommen. Das kann gemeinsame Entwicklung bedeuten, aber auch wachsende Inkongruenz und allmähliche Spaltung. Im offenen Raum der befreiten Bedürfnisse und Gefühle gibt es nichts mehr, das sich gegen ihre Dynamik aufbieten ließe, und so schützt die Liebenden vor dem stets drohenden Todeserlebnis der Trennung nur der Schleier der Illusion.

Die Antwort der Leidenschaft

Die Ideologie der Beziehungskrisen.
Zu Peter von Matts Buch über den Liebesverrat
1989

> »Sie hatte ein Rasiermesser in ihrem Schminktäschchen. Ehebrecher, lernt daraus, gebt es nie zu!«
>
> Samuel Beckett, »Spiel«

Seit etwa zwanzig Jahren hat das hochabstrakte Wort »Beziehung« in neuer Anwendungsform Konjunktur bekommen. Man spricht von Zweierbeziehungen, Intimbeziehungen, Beziehungsproblemen und abfällig und jargonhaft von der »Beziehungskiste«, gleichgültig, ob man an eine Liebschaft oder an eine Ehe denkt. So hat beispielsweise der Schweizer Therapeut Jürg Willi ein Buch mit dem Titel »Die Zweierbeziehung« (1975) geschrieben, bei dessen Fallbeispielen es sich fast ausschließlich um Ehepaare handelt. Aber der Titel »Die Ehe« hätte die Institution mit ihren sozialen, ökonomischen, juristischen und sittlichen Aspekten in den Vordergrund gerückt, während Jürg Willi sich dafür interessiert, wie das Zusammenleben zweier Menschen psychologisch strukturiert ist und wie es funktioniert. Es sind subtile Analysen einer unbewußten Unglücksmechanik, die die Partner dazu veranlaßt, sich zugunsten einer erstrebten symbiotischen Harmonie gegenseitig zu blockieren, bis eine Krise, die entweder zu einer Erweiterung der Beziehung oder zur Trennung führt, die festhakende Entwicklung wieder in Gang bringt.

Jürg Willis letztes und ausführlichstes Beispiel stammt übrigens nicht aus der ärztlichen Praxis, sondern es ist der Film »Szenen einer Ehe« von Ingmar Bergman, der geradezu als Modellfall einer Ehekrise und eines Trennungskampfes entworfen wurde. Gegen seine Gewohnheit hat Ingmar Bergman dem Film sogar ein Vorwort (1972) mitgegeben, in dem er in Form eines Szenenprotokolls den Verlauf der Krise von der anfänglichen Scheinharmonie bis zur freundschaftlichen Wiederannäherung der inzwischen getrennten Partner skizziert. Das hört sich, um es mit zwei Sätzen zu charakterisieren, wie folgt an: »Erste Szene: Johan und Marianne sind Kinder fester Normen und glauben an die Ideologie der materiellen Sicherheit.« ... »Sechste Szene: Jetzt stelle ich mir vor, daß aus all dieser Vernichtung zwei neue Menschen hervorzukriechen beginnen.« In den Begriffen des Therapeuten stellt sich dieser Prozeß so dar: Die Frau hat sich in der Position einer Komplementärnarzißtin für den Mann aufgegeben. Der spürt allmählich, daß er durch ihre Idealisierungen auf ein falsches Selbst festgelegt wird. Um sich von ihr zu befreien, beginnt er sie zu zerstören, was ihn mit Schuldgefühlen erfüllt. – Und so weiter.

Man kennt diese Analysen. Sie sind längst wesentlicher Teil der Krisengespräche, die die Partner miteinander führen. Jeder ist dabei wechselweise des anderen Patient und Therapeut, und dies kann sogar für eine Weile einer brüchigen Beziehung einen gewissen Inhalt geben. Wohl aber kaum Stabilität. Denn im Reich der totalen Interpretierbarkeit gibt es keine unanfechtbaren Positionen. Jede einmal erreichte Übereinstimmung, jede vermeintliche Gewißheit läßt sich erneut hinterfragen.

Niklas Luhmann hat in seinem Buch »Liebe als Passion« (1983) dargestellt, daß mit der historischen Durchsetzung der Liebe als Heiratsgrund sich die Wahlmöglichkeiten sprunghaft vermehrt haben. Uneingeschränkt von Standesgrenzen und familiären Interessen kann sich jetzt jeder mit jedem verbinden. Die Partner müssen sich nur gegenseitig für die ideale Wahl halten.

Die so erreichte gesellschaftliche Mobilität ist inzwischen noch einmal bedeutend gesteigert worden durch die Institutionalisierung der Beziehungskrisen, die die Folgelasten des Liebesanspruchs sind. Wenn Liebe in dem emphatischen Sinn der großen exemplarischen Leidenschaften und ihrem vielfältigen Echo in der Trivialkultur die alleinige Legitimation der Beziehung darstellt, werden sich die Partner, oder einer von ihnen, bei einem Nachlassen der wechselseitigen Resonanz schnell zu fragen beginnen, ob das gemeinsame Leben noch Sinn habe oder ob es besser sei auseinanderzugehen. Und in einer Gesellschaft, die die Menschen auf ständiges Lernen und die Ergreifung von Chancen verpflichtet, bleiben vor allem die auf Veränderung drängenden Partner dabei nicht mehr sprachlos. Ihnen steht ein reiches psychologisches Argumentationsmaterial zur Verfügung, an dessen negativem Pol das Wort »Stagnation« steht, während auf der anderen Seite Worte wie »emotionales Wachstum«, »Selbstverwirklichung«, »Spontaneität«, »Kreativität« und »Autonomie« einen Glanz erzeugen, der die düsteren Aspekte des Wortes »Krise« überstrahlt. Auch das Chaos der Krise wird zum Heilsgeschehen, denn es erschüttert die Formen des falschen Lebens und des falschen Bewußtseins und bricht allen positiven Veränderungen den Weg frei.

Das kommt, ironisch eingefärbt, aber ernsthaft gemeint, in einer Dialogstelle aus Doris Lessings »Goldenem Tagebuch« zum Ausdruck. Die Icherzählerin prophezeit ihrem Liebhaber, er sei ein sicherer Kandidat für die menschliche Reife, weil er ein so unstetes sexuelles Leben führe. Die wunderbaren, reifen, heiteren Menschen von fünfzig und sechzig Jahren, denen man gelegentlich begegne, hätten alle eine solche Vergangenheit voller »Verbrechen des Gefühls« hinter sich:

»Oh, die traurig blutenden Leichen, die die Straße zur Reife des weisen, heiteren Mannes oder der weisen, heiteren Frau von über fünfzig pflastern! Du schaffst es einfach nicht, weise, reif usw. zu werden, wenn du nicht etwa dreißig Jahre lang ein rasender Kannibale gewesen bist.«

Das ist eine wahrhaft kühne Behauptung. Denn so eng auch Erfahrung und Persönlichkeitsbildung zusammenhängen, man darf zumindest bezweifeln, daß ein jahrzehntelanges Agieren in Wiederholungszwängen der einzige Weg zum Heil sei. Das Wort »Reife« scheint hier bloß eine Mystifikation zu sein, entstanden aus dem erzählerischen Klischee, daß auf Zeiten des Abenteuers und der Unordnung eine Zeit ruhiger Weisheit zu folgen habe.

Im Vergleich zu solchen einfachen Dramaturgien ist es eine große Qualität von Bergmans »Szenen einer Ehe«, daß der Film, obwohl er geradezu ein Lehrstück über eine Ehekrise darstellt, eine eindeutige Lösung vermeidet. Bergman muß empfunden haben, daß ein solcher Schluß eine unhaltbare Normativität bekommen hätte. So endet der Film mit einem widersprüchlichen, labilen und melancholischen Zustand. Johan und Marianne haben zwar beide neue Lebenspartner gefunden, sich aber nicht wirklich voneinander lösen können. Im Unterschied zu der etwas fassadenhaften Lebenstüchtigkeit, die sie vor dem Ausbruch ihrer Ehekrise ihrer Umgebung gezeigt haben, wirken sie jetzt schwach und hilflos und erst recht aufeinander angewiesen. Sie treffen sich jetzt heimlich wie ein trauriges, verwirrtes Liebespaar. Erst die Auflösung ihrer Ehe, in der ihre Gefühle im Einerlei des Alltags und unter dem Druck der gesellschaftlichen Konventionen gestorben schienen, hat diese Gefühle wieder in ihnen wachsen lassen.

Das Hin- und Herschwanken der beiden läßt uns durchblicken auf einen Grundwiderspruch der menschlichen Verfassung, der trotz aller psychologischen Aufklärung und gesellschaftlichen Toleranz auch heute noch Menschen zu Mord und Selbstmord treibt oder in Depressionen, Krankheiten und Wahnsinn versinken läßt; denn offenbar ist der Grundstock der Psyche so archaisch wie je zuvor. Es erscheint deshalb völlig angemessen, wenn der Zürcher Germanist Peter von Matt sein Buch über »Die Treulosen in der Literatur« (so der Untertitel), das in diesem Herbst im Hanser Verlag erschienen ist, unter den wuchtigen Titel »Liebesverrat« stellt, ein Wort, das von einem ganzen Hof düsterer Konnotationen umgeben ist. Man denkt dabei an Leidenschaft, Eifersucht, Gewalt, Wahnsinn und Rache.

Im Zusammenhang dieses Buches hat das Wort einen spannungsvollen Doppelsinn, denn es bedeutet sowohl Verrat um der Liebe willen als auch Verrat an der Liebe und verweist so auf den tragischen Antagonismus zweier menschlicher Versuche, mit den Anforderungen des Lebens und den eigenen Bedürftigkeiten fertig zu werden. Der eine Weg ist die Eingliederung in das gesellschaftliche Überlebenssystem durch soziale Anpassung und kulturell erwünschte Leistungen, der andere die radikale Ausgrenzung aus den sozialen Zwängen in den weltabgewandten Symbiosen der Leidenschaft.

»Jenseits des Lustprinzips« (1920) und »Das Unbehagen in der Kultur« (1929), eine tiefblickende und pessimistische Erklärung gegeben. Die Menschen haben keine monolithische, naturhafte Identität, sondern tragen einen Riß in sich. Zwar sind sie darauf angelegt und angewiesen, sich Schritt für Schritt aus der Symbiose mit der Mutter und der Wunschtraumwelt der frühen Kindheit zu lösen, um durch Arbeit und soziales Wohlverhalten ein nützliches Mitglied der menschlichen Überlebensgemeinschaft zu werden, aber diese Anpassung ans mehr oder weniger bescheidene Realitätsprinzip gelingt nicht vollkommen, weil sich die Erinnerung an die Totalität des ursprünglichen Lustprinzips nicht auslöschen läßt, am wenigsten dann, wenn die Honorare der Kultur wie schäbiger Ersatz schmecken. »Schließlich«, so schreibt der französische Soziologe Edgar Morin, »ist in den bürokratisierten und verbürgerlichten Gesellschaften jener erwachsen, der sich damit abfindet, wenig zu leben, um nicht viel zu sterben.« Die Antwort der Leidenschaft darauf lautet: Lieber Wahnsinn und sozialen Tod riskieren, als das Leben nicht mehr zu spüren.

Einleuchtend wird in diesem Zusammenhang die These von Freuds Schüler Theodor Reik (»Von Liebe und Lust. Über die Psychoanalyse romantischer und sexueller Emotionen«), daß besonders diejenigen Menschen disponiert sind, sich leidenschaftlich zu verlieben, die ihr Ichideal nicht annähernd verwirklichen konnten und in einen existentiellen Leerlauf, eine schleichende Sinnkrise geraten sind. Leidenschaftliche Liebe ist das stärkste Heilmittel gegen diese Krankheit, aber möglicherweise auch deren anderes Gesicht. »Wo Menschen voll und ganz mit sich zufrieden sind«, schreibt Reik, »ist Liebe unmöglich.« So ist sie auch nicht wahrscheinlich, wenn jemand überall Erfolg hat und Anerkennung von allen Seiten bekommt, vielleicht sogar von Kindheit an. Zwar muß man als Kind geliebt worden sein, um lieben zu können, aber man muß auch um Liebe gebangt, sich um sie verzehrt haben, um mit seinem ganzen Wesen wieder danach zu verlangen. Während die von Erfolg und Anerkennung Verwöhnten das Trauma der frühen Trennungen fast spurlos überwunden haben, tragen diejenigen, die zur Leidenschaft bestimmt sind, eine Wunde in sich, die unheilbar scheint und sie auch bei Bestätigungen und Erfolgen, die den meisten als Glück erscheinen, denken läßt: Das ist es nicht! Es ist eine nicht zu beschwichtigende innere Stimme, die mitten in der Gesellschaft der anderen ihre Aufmerksamkeit ablenkt, so daß sie ein wenig fremd, zerstreut oder abweisend erscheinen mögen, jedenfalls nicht die tonangebenden Figuren der Szene sind.

Gegenseitig aber erkennen sie sich wie Gezeichnete und Eingeweihte an ihrem verborgenen Ungenügen. Denn es ist keineswegs eine Schwäche, sondern eine brachliegende, spürbare Kraft, die darauf wartet, erraten und erweckt zu werden. Vielleicht haben sie es immer als eigenes Versagen, als Undankbarkeit und Schuld empfunden, daß ihnen alles, was den meisten Menschen wichtig war, so wenig bedeutete, und sie haben versucht, über diese Distanz hinwegzuleben. Es hat nichts genutzt. Sie sind dadurch nur schwächer geworden, hoffnungsloser oder starrer. Und sobald jemand auftaucht, der aus innerer Verwandtschaft ihren verleugneten Wesenskern erkennt und anspricht, ist alles wieder da.

Der Ausbruch der Leidenschaft wird immer als befreiender Durchbruch der Wahrheit erlebt. Im Wunsch, die

Formen des falschen Lebens niederzureißen, geht alles in die Brüche: soziale Rücksichten und Konventionen, die ökonomische Vernunft und die Schranken der Scham. Und je radikaler sich die Liebenden abkehren von der Lebensordnung der anderen, um so heftiger ist ihr Verlangen nach Verschmelzung. In wechselseitiger Glorifizierung machen sie sich gegenseitig zur alleinigen und idealen Instanz, mit Petrarca zu sprechen, zu der »einzigen Hand«, die alles Leben geben und nehmen kann. So scheinen sie völlig autark, im Zentrum einer überströmenden Fülle: Es ist ein Wunder schöpferischer Phantasie und zugleich eine lebensgefährliche Illusionierung. Denn nach dem Sprung ins Absolute gibt es keine Entwicklung mehr. Die leidenschaftlich Liebenden sind immer schon am Ziel. Sie sind aus der Zeit und der Geschichte der anderen ausgebrochen und versuchen verzweifelt, einander festzuhalten in einer ewigen Gegenwart.

Immer aber wird eines Tages einer der beiden hinausblicken aus der gemeinsamen Isolation, und der andere wird ihm vorwerfen, die Liebe zu verraten. So wie Anna Karenina in Tolstois gleichnamigem Roman unter dem Druck ihrer Schuldgefühle und Ängste ihren Liebhaber Wronski mit ihrem Liebesanspruch überfordert und damit nur die unaufhaltsame Entfremdung vorantreibt, aus der sie schließlich in den Tod flieht.

Im Unterschied zu den meisten Menschen, die auf vielfache Weise im Leben verankert sind und Gutes und Schlechtes gegeneinander aufwiegen können, hat der leidenschaftlich Liebende alles auf eine einzige Karte gesetzt. Wenn er sie verliert, entzieht ihm das seinen Lebensgrund. »Die Trennung der Liebenden« (1968) – so der Titel eines Buches des Wiener Psychoanalytikers Igor A.

Caruso – wiederholt den Schmerz der frühesten Trennungen und präfiguriert die endgültige Trennung durch den Tod. So kann man die Fallgeschichten dieses Buches mit ihren wechselnden Phasen von Verzweiflung, Angst, Verdrängung und beginnender Resignation als eine Phänomenologie des Sterbens lesen. Eine verheiratete Frau, die sich aus vielen Gründen von ihrem Geliebten getrennt hat, schreibt: »Ich bin ... voll des Zornes und des Hasses gegen das Leben. Ich habe mich kopfüber in eine totale Passivität geworfen.« Und ein Mann in ähnlicher Lage scheint darauf zu antworten: »Ich für meinen Teil finde den physischen Tod weniger ungerecht als diesen Tod.«

Aus allen Äußerungen der Menschen, die sich aus Moral oder praktischer Vernunft getrennt haben, lassen sich Lebensüberdruß und Todessehnsucht heraushören. Es scheint niederziehend, ja unerträglich zu sein, aus der Grandiosität der Leidenschaft zurückzumüssen in die alltägliche Welt der Relativitäten und Kompromisse. Verlokkender ist die Einflüsterung, die verlorene Totalität durch die totale Nichtigkeit zu überbieten und den Tod zu wählen, um die Widersprüche eines verhaßten Lebens endgültig auszulöschen.

Der Tod, maskiert als Eros oder als Vernunft, ist der heimliche Herr des seelischen Terrains, in dem sie alle agieren, die Peter von Matt in seinem Buch vorstellt: die leidenschaftlich Liebenden, die Verlassenen, die Betrogenen, die Verführer und die Verführten und der nach Rache dürstende Hahnrei, diejenigen, die die Dämme bauen, und die anderen, die sie einreißen. Es ist eine Phänomenologie aus vielen Einzeldramen, die zusammen einen wesentlichen Teil des Lebensdramas der Gattung Mensch ausmachen, das in jeder individuellen Lebensgeschichte ein eigenes Echo hat. Peter von Matt verfolgt das Geschehen mit differenzierter Lesekunst bis in alle Abwege und Irrwege der Subjektivität. Er tut das nicht wertfrei, aber situationsbezogen und in dem Bewußtsein, daß der Satz, »Wer liebt, hat recht« wie einen Schatten auch sein Gegenteil mitzieht – »Wer liebt, tut Unrecht« – nämlich denen, die er um seiner Liebe willen verläßt, und indirekt, als parasitärer Nutznießer, auch denen, die für das Funktionieren der menschlichen Überlebensgemeinschaft durch Arbeit, Anpassung und Verzicht weiterhin täglich die geforderten Opfer bringen.

Die dargestellten Vorgänge selbst sprengen jede abstrakte Moral. Der gehörnte Ehemann noch nicht so lange vergangener Zeiten, der, um vernichtendem Gelächter zu entgehen, seine Schande mit Blut abwaschen muß, ist kein individueller Gewaltverbrecher, sondern jemand, der an dem gesellschaftlichen Auftrag, Eigentums- und Familiengrenzen auch als sexuelle Grenzen zu verteidigen, gescheitert ist und nun seine Würde als Person zu verlieren droht. Peter von Matt versteht ihn, aber mit Recht mag er den moralisierenden Nachklang in bürgerlichen Balladen nicht, in denen die Ehebrecherinnen oder außerehelich Liebenden noch im Vollgefühl des Rechts in den Tod getrieben werden.

Selbst ein so sensibler Autor wie Eduard Mörike hat der herrschenden Ehemoral seiner Zeit mit einer solchen Ballade Tribut gezollt. Doch zum Dichter wurde er, als er, noch nicht neunzehn Jahre alt, einer jungen Frau von irritierender Schönheit verfiel, die die Tochter einer Prostituierten war und, wie es scheint, die unberechenbare Leidenschaftlichkeit einer sexuellen Phantastin hatte. Peter von Matt nennt dieses Liebeserlebnis »eine Begegnung, die den jungen Mann aus allen Ordnungen wirft«. Nach einem Jahr flieht Mörike, körperlich und seelisch zusammengebrochen, zu seiner Familie zurück. Die ersten Zeilen des Zyklus der »Peregrina-Gedichte« deuten an, was geschehen war. »Ein Irrsal kam in die Mondscheins-Gärten / einer fast heiligen Liebe. / Schaudernd entdeckt' ich verjährten Betrug.«

Zeitlebens hat sich Mörike nicht von dieser gewaltsamen Trennung erholen können. Er wurde, wie Peter von Matt sagt, zum Zwangsträumer, wissend, daß er die Erscheinung des Glücks aus seinem Leben vertrieben hatte. Trauer und stille Empörung über die Welt, in der das geschehen konnte, hören wir schon aus einer einzigen Zeile wie dieser in den »Peregrina-Gedichten« heraus: »Die Liebe, sagt man, steht am Pfahl gebunden ...« Darin sind alle Opfer einer glücksfeindlichen Moral beschworen, bis hin zu den Hexen auf den Scheiterhaufen.

Doch ist im Zentrum der Widersprüche der Versuch, die Sexualität zu binden, der im Schandpfahl und den Ketten des Henkers seine grausamen Symbole hat, auch eine Strategie zur dauerhaften Begründung des Glücks. Mit gleichem Respekt und Verständnis wie den »Peregrina-Gedichten« wendet sich Peter von Matt auch Stifters konservativem Ehekonzept im »Nachsommer« zu und, in unserer Gegenwart, dem hochverstiegenen privaten Ehemythos von Uwe Johnsons »Skizze eines Verunglückten«.

In dieser Erzählung, mit der Johnson, nach eigenem Zeugnis, auf eine erschütternde Erfahrung von ehelichem Verrat antwortete, versucht der Schriftsteller Joe Hinterhand eine symbiotische Ehe zu begründen, die auf einer restlosen wechselseitigen »Auslieferung der Seelen«

durch vollständiges Reden beruht. Als er erfährt, daß ihn seine Frau jahrelang betrogen hat, raubt ihm das, mit allem Lebenssinn, auch seine Sprache als Schriftsteller, und er tötet die Frau. Nicht eine auferlegte gesellschaftliche Moral, sondern eine nicht minder starre individuelle Gesetzgebung läßt hier ein Drama entstehen, in dem Peter von Matt ein Exempel für »die Einsamkeit des moralischen Subjekts in der Moderne« sieht. Es fragt sich, ob es nicht genügte, von Einsamkeit zu sprechen, denn es ist ja ein ganz persönliches Bedürfnis nach einer totalen bergenden Gemeinsamkeit, das sich dieses rigorose Ehekonzept, offenbar gegen die Lebensimpulse des anderen, ersonnen hat. »Einsamkeit des moralischen Subjekts« hieße also, die privat gefundenen Lebensformen nicht mehr überpersönlich legitimieren zu können. So muß man im Bedürfnis nach Dauer entweder mit dem Konzept der Liebesheirat auf den Treibsand der Gefühle bauen oder, gediegener, auf lebenspraktische Notwendigkeiten wie Erwerbstätigkeit, Hausbau und Kinderaufzucht.

Dagegen revoltiert seit je der ungezähmte Teil der menschlichen Natur, der nach Leidenschaft, Chaos und Totalität verlangt. In Ingeborg Bachmanns Text »Undine geht« ertönt immer wieder der Ruf der Wasserfrau, die die Männer weg von ihren »gelehrigen, verständigen Gefährtinnen« ins Dickicht des Waldes lockt, wo in der leidenschaftlichen Vereinigung alles »hell und rasend« wird und wenigstens vorübergehend das falsche, kulturell entfremdete Selbst untergeht und das wahre geboren wird.

Peter von Matt führt diesen anarchischen Impuls auf existentialistische Denkmuster zurück, die die soziale Welt der Konventionen, der Anpassungszwänge als uneigentlich verurteilen und dagegen ein radikales Selbstsein stellen, das aus dem vorweggenommenen Tod entspringt. Doch bleibt die Revolte der Leidenschaft leer und weltfern, im Unterschied zum Konzept der Treue, das einen dauerhaften, angstlosen Raum für das praktische Leben zu schaffen versucht. Beide Entwürfe zusammen bilden einen Antagonismus, der seit den Zeiten des Mythos das Spannungsfeld der Literatur beherrscht.

Mag sein – man kann es ja träumen –, daß die Geschichte an der Entspannung dieses Widerspruchs arbeitet und mit der Überwindung materieller Not eine sinnlichere, freiere Kultur denkbar wird, die zur Natur in ein freundlicheres Verhältnis tritt. Ohne Unterdrückung und Sublimierungszwang würde die immer noch in Eros und Agape gespaltene Liebe sich in vielfältigen Formen wieder vermischen, wie es im ersten Lächeln und in den ersten Berührungen, die uns zum Leben überreden, versprochen ist. Aber vielleicht wird der Widerspruch auch nur eingeebnet, und wir steuern auch in der Liebe auf Konsum, Animation und totale Unterhaltung zu.

Im Privaten zeigt sich der Weltzustand

Rudolf Borchardts Novelle »Der unwürdige Liebhaber«

1981

Als im August 1944 die alliierten Truppen nach Norditalien vordrangen, deportierte die SS auch einen fast vergessenen Mann, den Dichter, Übersetzer, kulturhistorischen Schriftsteller Rudolf Borchardt, einen jüdischen Kaufmannssohn aus Königsberg, der seit 1906 in einer Art selbstgewähltem Exil in der Toskana gelebt hatte. Überraschend wurden Borchardt und seine Familie von den Bewachern wieder freigelassen, und ebenso plötzlich starb er achtundsechzigjährig am 19. Januar 1945 in einem Dorf bei Innsbruck an einem Schlaganfall. Sein vielfältiges, formenreiches Werk ist seit Mitte der fünfziger Jahre fortlaufend im Klett-Verlag erschienen, hat ihn aber nicht wieder ins literarische Bewußtsein der Nachkriegszeit eingebürgert. Die Bildungsvoraussetzungen waren dafür nicht mehr gegeben. Und überhaupt blies einem Autor so konservativer, elitärer Gesinnung mindestens seit den sechziger Jahren der Wind ins Gesicht.

Borchardt hat allerdings das Verkannt- und Vergessenwerden in trotziger Wendung gegen seine eigene Zeit, die für ihn eine Epoche des Wertverfalls und der kulturellen Verflachung war, zu einem Ehrentitel gemacht und hochmütig mitinszeniert, indem er sich in einem großgedachten Versuch der »schöpferischen Restauration« des europäischen Kulturerbes in schwierige, auch abseitige Unternehmungen stürzte. Er übertrug die altionischen Götterlieder, Pindar, Aischylos, die Troubadours, Dante und englische Lyriker des neunzehnten Jahrhunderts, wobei er manchmal das gegenwärtige Deutsch mit Sprachelementen und -tönungen aus dem Mittelhochdeutschen oder dem Lutherdeutsch durchsetzte, und er schrieb auch Versepen, deren Rhythmus am Vers der mittelalterlichen Epiker geschult war. Ererbte Formen waren für ihn lebendige historische Gewißheiten. Er setzte ihre Strenge gegen alles bloß Stimmungshafte und Individualistische, gegen die ihm destruktiv erscheinende moderne Sensibilität wie gegen alle vulgäre Unbildung.

Borchardt hat nach eigenem Bekenntnis seine Person gegen die Erwartungen seines Vaters entwickelt und lernte es früh, Einsamkeit durch Leistungen auszugleichen. Das hat einen Zug zur Grandiosität in ihm ausgeprägt. Er war eine hochgespannte Person, fähig zur Verachtung wie zur maßlosen Bewunderung (so lobt er Hofmannsthal zu dessen heimlichem Unbehagen auf Kosten von Hauptmann), und sein schroffer Eigensinn scheint mit einem tiefen Bedürfnis nach Gebundenheit, ja bindender Autorität untermischt gewesen zu sein. Menschen mit so schwieriger, anspruchsvoller Identität neigen dazu, ihre widerstreitenden Kräfte in ideologische Versteifungen zu binden. Davor ist Borchardt nicht immer, aber immer wieder durch seinen Blick für das Leben bewahrt worden.

Das erstaunlichste Beispiel dafür ist für mich seine große Novelle *Der unwürdige Liebhaber*, die er 1929 zusammen mit drei kürzeren Texten in seinem Buch *Das hoffnungslose Geschlecht* veröffentlicht hat. Hier nämlich hat sich in der Perspektive konservativer Zeitkritik eine viel komplexere Einsicht in menschliches Handeln durchgesetzt und den Text davor bewahrt, zusammen mit den dargestellten gesellschaftlichen Zuständen zu verstauben.

Als das Buch erschien, bekam Borchardt, bis dahin ein

Autor für Eingeweihte, ein weitverzweigtes Presseecho, meistens in Tonlagen der Begeisterung. »Meisterhaft im psychologischen Aufbau der Handlung, meisterhaft in der Milieuschilderung und vor allem in der einzigartigen Führung der von innen her dramatisch bewegten Dialogpartien«, schrieb Bernard Guillemin in der *Vossischen Zeitung*. »Eine solitäre und unerschöpfliche Stilkunst«, rühmte ihm die *Neue Zürcher Zeitung* nach. In der *Literarischen Welt* sprach Franz Blei von »Meisterwerken einer erzählenden Prosa, in denen alles plastische Figur ist«. Die *Dresdner Nachrichten* entdeckten allerdings »wucherndes psychologisches Detail bis an die Grenze des Erträglichen«, und Kurt Hirschfeld nannte im *Berliner Börsen-Courir* das Ganze eine konstruierte Welt und »eine Betrachtung privatester Zustände, gesehen durch ein Ressentiment«.

Nimmt man den ganzen Meinungsspiegel, so muß man sagen, daß die Kritik den außergewöhnlichen Rang von Borchardts Novelle erkannt hat, wobei sie durchaus richtig seine Dialoge, seinen psychologischen Scharfblick und den dramatischen Aufbau des Textes pries. Doch bleiben diese Urteile dem Text äußerlich und vermitteln wenig von dem aufwühlenden Widerspruch, der dieses Phantasieszenarium hervorgebracht hat.

Die Novelle spielt einige Jahre nach dem Ersten Weltkrieg, als der Adel seine soziale Selbstgewißheit verloren hat und seine ökonomische Basis bedroht sieht. Diese Lage ist die Voraussetzung des Dramas, das Borchardt inszeniert, und deshalb sind seine Personen nicht nur Individuen, sondern in allen ihren Eigenarten immer auch exemplarische Figuranten. Sie repräsentieren ihre Gesellschaftsklasse mit so energischer Stilisierung, daß man zunächst einmal den Eindruck bekommt, man sähe einem Kostümstück zu. Und dennoch beginnen diese Figuren zu leben, und ihr vermeintlich abgestandenes Drama, das schon damals, als es geschrieben wurde, einem historisch aufgeklärten Bewußtsein als gestrig erscheinen konnte, schlägt einen mehr und mehr in Bann.

Die exemplarische Bündigkeit und dramatische Zuspitzung der Novelle erlaubt es, sie auf eine Formel zu bringen: Sie erzählt von einer Abwehrschlacht, die nicht gewonnen werden kann. Wir nehmen teil an der Verteidigung einer geschlossenen, durchgeformten Welt gegen ihre drohende Auflösung und werden bestürzte Zeugen ihres plötzlichen Zusammenbruchs, der sie als Schein entlarvt, ohne sie als Wunschbild völlig zu trüben. Und dieser Widerspruch erzeugt den Schrecken.

Die Geschichte beginnt im Inneren der Festung, bei ihren Verteidigern. Es sind der Baron Moritz von Luttring, seine Frau Tina und seine verwitwete Stiefmutter Eugenie, eine ehemalige Hofdame. Die drei leben auf zwei Gütern an der württembergisch-badischen Grenze, zwar unter angestrengten wirtschaftlichen Verhältnissen, aber in gediegener Vornehmheit und Kultiviertheit. Im Gegensatz zu dem romantischen Kavaliersstil, in dem noch sein Vater lebte, hat Moritz Luttring dem gemeinsamen Leben eine Wendung ins Nüchtern-Sachliche gegeben. Er ist ein kühler Rechner und strenger Gutsherr, fortschrittlich in seinen landwirtschaftlichen Methoden, doch konservativ in der Gesinnung – ein etwas eckiger, zum Prinzipiellen neigender Mann. Mit seiner Frau, seinen Kindern und seiner Stiefmutter lebt er in einem liebevollen Einverständnis. Zwischen ihnen herrscht die entwickelte, nuancierte Harmonie eines Zusammenlebens, das nicht nur auf gegenseitiger Zuneigung, sondern auch auf gemeinsamen Überzeugungen und einem sicheren gemeinsamen Geschmack beruht.

Borchardt führt Luttring und die beiden Frauen in einem langen einleitenden Gespräch vor, in dem sie sich gegenseitig ihrer Normen und Werte versichern, um sich nach außen gegen eine Bedrohung abzugrenzen. Es sind die Verteidiger bei der Schanzarbeit. Der Feind, den sie erwarten, ist ironischerweise auch ein Adliger, der baltische Baron Konstantin von Schenius, ein verarmter ehemaliger Berufsoffizier. Schenius hat Moritz' verheiratete Schwester Steffie verführt, die daraufhin geschieden wurde. Jetzt will er Steffie heiraten, doch hegen Luttring und die beiden Damen den Verdacht, er strebe diese Heirat aus materieller Berechnung an. Auch als Person scheint er ihnen keine gute Akquisition für die Familie zu sein. Schon sein Vater war ein Blender, und Schenius selbst ist nach allem Hörensagen ein windiger Charakter. Es geht ihm der Ruf eines Salonlöwen und Frauenjägers voraus.

Man liest dieses Gespräch in einer eigenartigen Doppelempfindung. Borchardt tut alles, um die drei Personen verständlich und sympathisch zu machen – und verschafft trotzdem dem abgewehrten anderen ein stummes Recht. Ganz so, denkt man, wird es sich nicht verhalten. So unangefochten werden sie nicht im Recht bleiben. Vor allem Luttring ist ein Anwalt von Borchardts eigenem Denken. Doch überzieht er die konservativen Positionen ins Rigorose und Autoritäre, so daß er als ein defensiver Charakter mit verborgenen Ängsten erkennbar wird. Dies ist keine Zeit des Glücks, sagt er, sondern eine Zeit des Durchhaltens. »Sichgegenseitigtragen und -ertragen muß für jeden zu einer Art Religion werden.«

Die Forciertheit von Luttring wird besonders deutlich durch die Nebenhandlung, die Borchardt nach dem Modell alter Tragödien, die auch eine Herren- und Dienerebene haben, in die Novelle verflochten hat, um ihr Grundthema zu variieren. Luttring will seinen Gutsverwalter entlassen, weil der von seiner Frau betrogen wird und dadurch seine Autorität bei den Leuten verloren hat. Für ihn ist der betrogene Ehemann ein Gegenstand der Verachtung, weil er es nicht fertiggebracht hat, sich gegen den Verführer durchzusetzen. Früher, räsoniert er, kam der Verführer »vor die Klinge oder unter die Hundepeitsche«, alles geschah »im Namen einer Ordnung für's Ganze.« Doch »wir sind ein hoffnungsloses Geschlecht. Wir können nicht mehr Nein sagen.«

Weshalb versteigt sich Luttring so? Ist er, der einen leichtlebigen Vater hatte, auf zu zwanghafte Weise zum erwachsenen Mann geworden? Fühlt er sich verunsichert, weil der väterliche Gegentyp ihm nun in Schenius erneut begegnen wird? Im diffizilen Zusammenspiel der Gruppe mildern die beiden Frauen Luttrings Schroffheiten. Sie bestätigen seine Grundsätze, lenken ihn aber zu praktischen Dingen zurück. Unauffällig zeigen sich dabei Indizien einer leichten Disproportion zwischen ihm und Tina. Sie ist eine leuchtende Schönheit, die Lebenswärme und Klugheit ausstrahlt, er dagegen wirkt mit seiner zu »hohen trockenen Stimme«, seinen »nicht sehr beweglichen Augen« etwas angestrengt und dogmatisch. Offenbar weiß Eugenie, seine Stiefmutter, wie sehr er in seiner Rolle als Familienchef des Zuspruchs der beiden Frauen bedarf. »Du bist mein alter Lieber, immer Gleicher, unser Mann, wie?« sagt sie bestätigend zu ihm, bevor Luttring seinem Gegentyp Schenius entgegentritt.

Borchardt schildert das Treffen der beiden Männer als ein Duell mit allen gesellschaftlichen Mitteln, hinter dem im Schein klassenmäßiger Ebenbürtigkeit der archetypische Kampf zwischen dem Besitzenden und dem Vagabunden durchschimmert. Luttring setzt Schenius einer Reihe von diskreten Demütigungen aus und unterzieht ihn einem kühl höflichen Prüfungsgespräch, in dem er die elegante, werbende Leichtigkeit von Schenius mit belehrendem Ernst zurückweist. Als Familienchef müsse er die Werbung von Schenius so lange als ungeschehen betrachten, wie dieser nicht für einen angemessenen Unterhalt Steffies sorgen könne. Auf den Familiengütern könne er ihn wegen mangelnder Qualifikation leider nicht beschäftigen.

Schenius übersteht diese bedrückende Szene verletzt, doch aus der Reserve seiner narzißhaften Selbstgewißheit. Luttring verschätzt sich in ihm, als er glaubt, er habe ihn schon abgeschlagen. Denn am nächsten Tag bereitet ihm Schenius eine vernichtende Niederlage mitten im Herzstück seiner eigenen Welt: Er verführt Tina, Luttrings so überlegen erscheinende Frau, und zwar auf eine niederziehend triviale Weise. Beim gemeinsamen Abendessen, bei dem er sie mit seiner unablässigen Werbung bedrängt, spürt sie plötzlich mit schon verdunkeltem Bewußtsein, wie er mit seinem Fuß über ihren Schuh streift, und findet nicht mehr die Kraft, ihren Fuß zurückzuziehen.

Diese Passage, in der Borchardt Tinas Auflösung schildert, ist ein Meisterstück nicht nur des Stils, sondern auch der Psychologie. Sie deckt die Umkehrbarkeit von Stolz in Masochismus auf, der Tina erliegt, als sie ihr Selbstbild zusammenstürzen sieht, weil jemand – nach gewohnten Maßstäben ein Nichtswürdiger – zielsicher mit ihrem verborgenen, triebhaften Wesen paktiert. So war sie »mitten in allen um Rettung heranstürzenden Kräften ihrer Reinheit von dem Wunsch überschattet worden, die Liebkosung seines Fußes möchte Druck und Schmerz werden, und war unter dem schauerlichen Wunsche erblaßt«.

Damit ist alles schon verloren. Tina versucht zwar am nächsten Morgen in einem Telefongespräch mit Schenius den Vorfall zu bagatellisieren, doch das endet mit einer heimlichen Verabredung im Park, und noch in derselben Nacht verläßt sie in wütender Schicksalsversessenheit Mann, Kinder und Haus, um mit Schenius zu fliehen. Jahre später, längst wieder von ihm getrennt, stirbt sie durch einen verdeckten Selbstmord.

Borchardt hat diese Geschichte vom Zusammenbruch einer durchgeformten humanen Welt als Tragödie inszeniert, doch so, daß seine Klage über den Zusammenbruch nicht einfach die Haltlosigkeit verurteilt, sondern einmündet in die Einsicht in die grundsätzliche Unhaltbarkeit sich ausgrenzender Reservate des Glücks. Denn bei aller Sympathie für die Verteidiger hat er ihre Borniertheiten und ihr Unrecht mitgeschrieben und in der Starrheit ihrer Haltung die Angst und in ihrer anspruchsvollen Selbstgewißheit die Lebenslüge aufgedeckt. Er hat das getan gegen seine Parteinahme, und vor allem auch gegen seine ausgeprägten Bedürfnisse nach Sicherheit und Form. Daß Tina, die seine Phantasie mit allen Vorzügen und Wünschbarkeiten einer erträumten Frau ausgestattet hatte, fast nebenbei von Schenius in eine rasende Mänade verwandelt werden konnte, war für ihn nicht bloß eine private Skandalaffäre, sondern eine Katastrophe, in der sich der Weltzustand offenbarte. Borchardt mußte vordringen in das Zentrum seiner Angst. Denn Schreiben ist nicht nur Wunscherfüllung, es ist auch Klage, Angstbannung, hellsichtiges Erkennen. Der Autor wird, wenn er in den Strom seiner Phantasien taucht, von einem verborgenen Lebenswissen ergriffen, das die Bastionen sprengt, die er alltäglich dagegen errichtet hat.

Wahrscheinlich ist der Widerspruch von Ordnung und Anarchie, Vernunft und Ekstase, Bindung und Revolte eine tiefgreifende Spannung in Borchardt selber gewesen. Nur deshalb konnte es ihm gelingen, den Leser durch wechselnde Identifikationen und Vorbehalte zu treiben, bis er gezwungen ist, das Leben in einer tragischen Komplexität zu sehen, gegen die keine Kultur und keine Ideologie verfängt. So deckt er im Drama einer bestimmten historischen und sozialen Situation ein grundsätzliches Problem auf, das man auch in veränderter Einstellung lesen kann.

Heute, in einer Zeit bröckelnder Institutionen und sich auflösender Ichgrenzen, in der die Unfähigkeit, nein zu sagen, noch weiter fortgeschritten ist, sind die Konflikte diffuser geworden, doch haben sie sich keineswegs, wie emanzipatorischer Optimismus es glauben möchte, von ihrem tragischen Grund entfernt. Nie sind wir ganz das, was wir zu sein scheinen, wir können uns innerhalb und außerhalb gesteckter Grenzen verlorengehen.

Borchardts ausgefeilte Dialogkunst und seine spannungsreiche Dramaturgie entfalten sich in dieser Novelle aus der furchtlosen Radikalität seiner Wahrheitssuche. Zielstrebig, mit sicheren Zügen bringt er sein Exempel auf engem Spielfeld hervor und verläßt die Logik seiner Beweisführung nur ganz zum Schluß, als er Tinas Sturz überflüssigerweise damit erklärt, daß sie früher einmal einen Mann geliebt hat, der Schenius ähnlich sah. Diese

Begründung klingt wie eine Zurücknahme der Tragödie in ein geliehenes psychologisches Schema. Doch liest man, noch getroffen von der unbarmherzigen Wahrheit des Ganzen, ausatmend darüber hinweg.

Nähe des Unheimlichen

Zu Friedrich Hebbels Gedicht »Dämmerempfindung«

1986

Dämmerempfindung

Was treibt mich hier von hinnen?
Was lockt mich dort geheimnisvoll?
Was ist's, das ich gewinnen,
und was, womit ich's kaufen soll?

Trat unsichtbar mein Erbe,
ein Geist, ein luft'ger, schon heran
und drängt mich, daß ich sterbe,
weil er nicht eher leben kann?

Und winkt mir aus der Ferne
die Traube schon, die mir gereift
auf einem andern Sterne,
und will, daß meine Hand sie streift?

Das Gedicht »Dämmerempfindung« von Friedrich Hebbel findet sich noch nicht in der Erstausgabe der Gedichte von 1842, wohl aber in der Werkausgabe von 1857, muß also in dem dazwischenliegenden Zeitraum, spätestens sechs Jahre vor seinem Tod im Jahre 1863 entstanden sein. In diesen Jahren, das belegen seine Tagebücher, hat er häufig an den Tod gedacht. »Dumpfheit im Kopf, vielleicht schon beginnender Tod. Denn da der Tod auf der Höhe der Entwicklung schon zu wirken anfängt, warum ihn nicht fühlen?« schreibt er 1843. Eine vage Vorstellung vom

Fortleben nach dem Tode drückt sich in folgender Notiz aus dem Jahre 1847 aus: »Den Ort, wo sich die geliebten Toten befinden, weiß ich nicht; den, wo sie sich nicht befinden, weiß ich: das Grab.« Geheimnisvoll klingt eine Eintragung aus dem Jahre 1857: »Du atmest fremden Tod als dein Leben ein und fremdes Leben als deinen Tod aus.«

Je länger man in den Tagebüchern liest, um so stärker wird der Eindruck eines willensbetonten, kämpferischen Lebens, das den Schatten des möglichen Scheiterns und des Todes ständig in sich trug. Hebbel hatte entbehrungsreiche Armutsjahre hinter sich, bevor er als Autor Erfolg hatte. Seine Gesundheit war geschwächt. Er starb mit fünfzig Jahren an einer qualvollen Krankheit, die er bis zuletzt für Rheuma gehalten hat. Das hört sich nicht nur nach einer falschen Diagnose der Ärzte an, sondern auch – blickt man in die Tagebücher – nach verleugnetem eigenem Todeswissen. Die letzte Eintragung lautet: »Eine große Leidens-Periode, die noch nicht vorüber ist ... Aber seltsam genug, hat seit 14 Tagen der poetische Geist angefangen, sich in mir zu regen.« Schon vom Tode gezeichnet, sagte er zu Heinrich Laube: »Wir werden den widerspenstigen Leib zur Räson bringen.«

Ganz anders klingt das Jahre früher geschriebene Gedicht. Sein Titel »Dämmerempfindung« kann ein Hinweis auf die Stunde der Inspiration sein, ist aber vor allem ein Bild des dargestellten Zwischenzustandes. In der Dämmerung – es muß die Abenddämmerung gemeint sein – halten sich Tag und Nacht eine Weile in der Schwebe. Allmählich entzieht sich uns die sichtbare, greifbare Welt, und wenn wir nicht künstliches Licht gegen die Nacht aufbieten, nötigt uns die Dunkelheit, die Augen zu schließen und uns in den Schlaf zurückzuziehen. Seit jeher ist dieser Vorgang als ein Abbild des Sterbens empfunden worden. Die Todkranken, die von einem schweren Leiden »konsumiert« werden, verlassen, nach der Schilderung des Arztes Hans Plügge (»Wohlbefinden und Mißbefinden«) »ganz allmählich gleitend ihre alte Welt« und ziehen sich nach innen in den Körper zurück, um dort zu erlöschen. Das Gedicht erfaßt den Anfang dieses Geschehens: die Loslösung, den beginnenden Weltentzug. Wie in der Dämmerung entschwindet dem Ich die Welt. Es fühlt sich forttreiben in etwas Dunkles und Unbekanntes. Der Vorgang ist fast unmerklich und wird nur mit einer leisen Bangigkeit und Befremdung wahrgenommen. Denn zugleich haben die Kräfte der Verdrängung der Todesahnung einen beruhigenden Sinn gegeben. Was sich ankündigt, ist kein Ausgelöschtwerden, sondern ein Wechsel in einen anderen Zustand, ein Tausch der Existenz. Die von der Welt abgelösten Lebenskräfte tasten nach diesem neuen Sinn, hinterfangen die Abgründigkeit des Todes mit dem Bild des Ruhestandes. Ein anderer wird an die eigene Stelle treten. Man selbst wird entschädigt werden für das, was man verloren hat. Allerdings wird die Anstrengung der Phantasie, das beängstigende Gefühl der Schwächung des eigenen Lebens in beruhigenden Bildern aufzufangen, durch die Frageform des Gedichtes ganz ins Ungewisse und bloß Hypothetische getaucht. Unterschwellig, und vielleicht ohne die Absicht des Autors, deutet das Gedicht die Wesenlosigkeit der erhofften Kompensationen an. Man wird seinen Platz in der Welt und im Körper mit der Unwirklichkeit eines luftigen Geistes tauschen und die eigene Hand, die in der anderen Existenz nach dem Trostbild der gereiften Traube greift, hat keinen eigenen Willen und bekommt nichts zu fassen.

Sie »streift« die Traube nur und macht sie so kenntlich als Phantom.

Das Gedicht hält die Auflösungserfahrung in seiner strophisch gegliederten, durch Reime gesicherten Form fest und macht sie ruhig anschaubar. Doch seine phänomenale Stille spricht unüberhörbar von der Nähe des Unheimlichen, das sich drohend ankündigt. Auch die geläufigen Tröstungen hat es schon besetzt.

Persiflage und Groteske

Zu den Galgenliedern von Christian Morgenstern
1988

Das Hemmed

Kennst du das einsame Hemmed?
Flattertata, flattertata.

Ders trug, ist baß verdämmet!
Flattertata, flattertata.

Es knattert und rattert im Winde.
Windurudei, windurudei.

Es weint wie ein kleines Kinde.
Windurudei, windurudei.

Das ist das einsame
Hemmed.

Diese Verse wollen gesungen werden. Und so ist es ja vermutlich auch geschehen. Christian Morgenstern hat seine »Galgenlieder« in den 90er Jahren des vorigen Jahrhunderts für einen Freundeskreis von Zechkumpanen geschrieben, die sich die »Galgenbrüder« nannten und bei ihren Zusammenkünften in stets wechselnden Wirtschaften (denn man konnte nie an den Ort der alten Untaten zurück) eine Art von höherem Unfug trieben, um das juste milieu der Berliner Gründerjahre für ein paar Stunden aus den Angeln zu heben. Morgenstern, der Zeremonienmeister des Kreises, leitete die Zusammenkünfte mit einem rostigen Schwert. Aber vor allem beschenkte er die »Galgenbrüder« mit seinen Versen, die von Julius Hirschfeld vertont und am Klavier begleitet wurden.

»Das Hemmed« ist ein Text, der ohne Musik und dramatischen Vortrag nicht bestehen kann, aber wohl um so besser bei gemeinsamem Gesang zur Geltung kam. Ich weiß nicht, ob es eine Vertonung des Textes gibt. Er bietet sich mit seinen einfachen Formen und litaneihaften Wiederholungen auch der musikalischen Improvisation und spontaner Inszenierung an. Ich stelle mir vor, daß die jeweils erste Zeile der vier Strophen von einem Vorsinger gesungen wurde (oder auch von wechselnden Vorsingern) und die folgende lautmalerische Zeile mit »flattertata« und »windurudei« die Antwort des Chors darstellte. Die Vortragsart wird theaterhaft agierend gewesen sein, kontrastreich und übertrieben im Ausdruck: mal schmetternd und fanfarenhaft, mal dumpf drohend oder »dräuend«, wie es wohl besser hieße, mal laut, mal leise. Der Abgesang »Das ist das einsame Hemmed« wurde wahrscheinlich dann wieder gemeinsam gesungen, ein Tutti mit größter Stimmstärke und ebensolchem Pathos, wobei das Wort »Hemmed«, zu dem das schlichte Wort »Hemd« geadelt worden war, wie eine Fahne entrollt wurde.

Nachahmende Übertreibung und Vereinfachung sind Ironiezeichen vor allem der Parodie. Das »Hemmed« persiflierte die zeitgenössische Poesie von Droste-Hülshoff bis Liliencron in ihrer fragwürdigen Vorliebe für Lautmalereien und spielte gleichzeitig auf die übliche Gespenstergeschichte an, bei der ein weißes Hemd im Mondschein als Geist nächtliches Gruseln hervorruft, um am nächsten Morgen als harmloses Hemd entlarvt zu werden.

Der Text ist wie alle Parodie bezogen auf Vorgaben, die er durch ironische Übertreibung dem Gelächter oder dem Schmunzeln preisgibt. Ganz anders verhält es sich dagegen mit vielen anderen Galgenliedern Morgensterns. Sie sind Tänze ohne Boden, bizarre Geistesblitze, die auf unvorhersehbare Weise einschlagen, manchmal ohne daß man es gleich merkt.

Das Knie

Ein Knie geht einsam durch die Welt.
Es ist ein Knie, sonst nichts!
Es ist kein Baum! Es ist kein Zelt!
Es ist ein Knie, sonst nichts.

Im Kriege ward einmal ein Mann
erschossen um und um.
Das Knie allein blieb unverletzt –
als wärs ein Heiligtum.

Seitdem gehts einsam durch die Welt.
Es ist ein Knie, sonst nichts.
Es ist kein Baum, es ist kein Zelt.
Es ist ein Knie, sonst nichts.

Man sollte das Gedicht nur interpretieren, indem man es noch einmal liest und sich dem Wechselspiel von verwirrender Leichtfertigkeit und jähem Schock überläßt. Wird nicht jeder Leser gleich vor den Kopf gestoßen von der gespenstischen Unwirklichkeit der ersten Zeile, die im Widerspruch zu ihrer schlichten Aussageform steht: »Ein Knie geht einsam durch die Welt«? Allenfalls Dali oder

Bosch hätten so etwas malen können. Doch kommt es ganz simpel und vertrauenswürdig daher und wird in der nächsten Zeile zu einer harmlosen, trivialen Tatsache heruntergespielt: »Es ist ein Knie, sonst nichts«. Es ist zum Beispiel »kein Baum« und »kein Zelt«, ein Einfall, der sich allein durch den Reim legitimiert und sich so als Spiel und Nonsens zu erkennen gibt. So übermütig und verrückt, denkt man, wird's wohl weitergehen.

Noch einmal folgt in der letzten Zeile dieses abwinkende »sonst nichts«. Es ist als Falle für uns aufgestellt. Denn in der zweiten Strophe füllen sich diese beiden beiläufigen Worte ungeheuerlich mit Anschauung und Sinn: Das Knie – sonst nichts – ist übriggeblieben vom Körper eines Soldaten, der »um und um« erschossen und bis zur Spurlosigkeit atomisiert wurde. »Das Knie allein blieb unverletzt«, und nun folgt einer der erstaunlichsten Konjunktive, die ich kenne: »als wärs ein Heiligtum.« Ja, etwa nicht? Ein Knie wäre kein Heiligtum? Man frage die Anatomen und die Liebenden, man vergleiche ein unverletztes Knie mit seinem orthopädischen Ersatz. Wenn es Heiligtümer gibt, dann sind es die lebendigen Dinge. Trotz des verwirrenden Konjunktivs führt einen das Gedicht direkt auf diese Erkenntnis zu. Doch ist das nicht die letzte Lesart. Der Konjunktiv tritt wieder in sein Recht. In einer Welt, in der Menschen bis zur Unkenntlichkeit zerfetzt werden, kann ein heilgebliebenes Organ nur noch das Grauen vertiefen. Der blinden Zerstörung ist nichts heilig. Nur zufällige Reste bleiben zurück. Mögen sie auch feierlich in Heldengräbern bestattet werden – sie sind Beweisstücke des Unheils und lassen sich zu keinem höheren Sinn umfälschen.

Gibt es wirkungsvollere Antikriegsgedichte als diese

Groteske? Leicht und unernst kommt sie daher, als könne von nichts Wirklichem die Rede sein. So ist man nicht vorbereitet auf ihren plötzlichen Biß. Und dann wird nichts ausgekostet und fundamentiert. Noch hat man nicht ganz ermessen, was gerade gesagt wurde, da tänzelt die dritte Strophe schon wieder weg vom gerade aufgedeckten Schrecken. Sie entzieht sich den Gefühlen des Lesers, verweigert ihnen die Zustimmung und erst recht die Nachbereitung. Wehrlos läßt sie ihn mit seiner Erfahrung allein zurück, scheinbar heiter und unbekümmert zurückrufend, was jetzt nur noch die Sprache der Lüge und der Beschwichtigung ist: »Es ist ein Knie, sonst nichts.«

Ein Riß durch die Worte

Zu Zbigniew Herberts Gedicht »Episode«

1992

Episode

Wir gehn am meer
und halten fest in den händen
zwei enden des alten dialogs
– liebst du mich
– ja

mit krauser stirn
faß ich den sinn
der zwei testamente zusammen
der astrologen propheten
der philosophen aus gärten
und der philosophen der klöster

und das klingt fast so:
– nicht weinen
– sei tapfer
– sieh doch sie alle

du blähst die lippen und sagst
– du solltest prediger werden –

und gehst verärgert davon
wer mag schon den moralisten

was sage ich nur am ufer
des kleinen leblosen meeres

langsam erfüllt das wasser
die form der verschwundenen füße

Das Gedicht »Episode« aus dem Band »Inschrift« des 1924 geborenen polnischen Lyrikers Zbigniew Herbert, hier zitiert in der Übersetzung von Karl Dedecius, beginnt mit einer Szene geglückter menschlicher Harmonie. Die einfache, ruhige Sprache, die das Bild vor uns hinstellt, läßt, jedenfalls beim ersten Hören, keinen Schatten eines Zweifels zu. Doch dann, mit derselben Sparsamkeit, die nichts ausmalt, und in rapiden, atemberaubenden Sprüngen, skizziert das Gedicht ein Geschehnis, dem Einfühlung und Verstehen kaum folgen können. Es ist schon geschehen, ehe man es ermessen hat. Zwei Menschen, die eben noch im tiefen Einverständnis wechselseitiger Liebe verbunden schienen, haben sich getrennt. Zwischen ihnen klafft ein Riß, der unüberbrückbar erscheint.

Obwohl das Gedicht nur »wir«, »ich« und »du« sagt, also in intimer Innensicht spricht, setze ich jetzt, da meine Vorstellung nach einem Bild verlangt, einen Mann und eine Frau in das szenische Muster ein. Die beiden gehen am Meer spazieren. Da das Gedicht nichts weiter darüber sagt, sind sie wohl allein dort. Das Meer, seine Weite, seine Leere, ist der Hintergrund, vor dem sie erscheinen und gegen den sie sich behaupten müssen. Sie reden. Es ist der alte Liebesdialog, der schon unzählige Male von Menschen gesprochen worden ist, so daß er sich hier im Gedicht auf die kürzeste Formel bringen läßt: » – liebst du mich – ja.«

Vielleicht ist das die Abbreviatur eines längeren Gespräches. Aber ich neige dazu, es für das ganze zu halten, denn gerade das formelhaft und bündig gesprochene Ja hört sich wie die Sprache der Gewißheit an, um die es den beiden geht. Liebende verlangen voneinander immer wieder solche Bestätigungen, auch dann, vor allem dann, wenn sie sich der Antwort schon sicher sind. Immer wieder wollen sie voneinander hören, daß sie in wechselseitiger Liebe geborgen und gerettet sind. So halten sie dieses Gespräch »fest in den Händen« wie die Enden eines Seils, das sie verläßlich verbindet. Sie gehen zwar am Meer spazieren, doch im Szenarium ihrer Phantasie haben sie sich zu einer Seilschaft zusammengeschlossen, die sich bereit macht, auch schwierige und gefahrvolle Wege gemeinsam zu gehen.

Oder haben wir etwas falsch verstanden? Wie haben die Frage »liebst du mich?« und das kurze »ja«, das ihr antwortete, eigentlich geklungen? Das Gedicht gibt darüber keine Auskunft, aber es scheint uns etwas verschwiegen zu haben. Denn als seien wir im Übergang vom ersten zum zweiten Absatz über einen Abgrund hinweggeglitten, setzt es uns plötzlich einer veränderten Stimmung aus. Noch ist das kaum mehr als ein Lichtwechsel, eine leichte Verschattung, deren Ursache wir nicht erkennen können.

Nur noch der Mann redet. Und es ist befremdlich, wie er spricht. Er ist ins Dozieren geraten und überschüttet die Frau, die stumm neben ihm hergeht, mit dem Repertoire seines Bildungswissens. »mit krauser stirn faß ich den sinn der zwei testamente zusammen«. Die Astrologen, Propheten und Philosophen und auch die »philosophen der klöster« müssen herhalten für seine Darstellung, die wohl auch eine indirekte Selbstdarstellung ist. Vermutlich ist es sein Metier, sich mit philosophischen und moralischen Problemen zu beschäftigen. Und weil Liebende einander zeigen wollen, wer sie sind und wie sie denken, um ein Territorium gemeinsamer Überzeugungen zu umgrenzen, hat er von seiner Sicht des Lebens zu sprechen begonnen. Daß sie neben ihm verstummt ist, hat er nicht wahrgenommen. Er wird geglaubt haben, sie höre ihm zu, und das hat ihn immer weiter angespornt, seine Gedanken vor ihr auszubreiten.

Aber das wäre ja nur die verständliche und verzeihliche Monomanie der Inspiration gewesen. Niemals hätte die Frau darauf antworten können, wie sie es plötzlich, auch zu unserem Erschrecken, tut. Wieder haben wir etwas Entscheidendes nicht mitbekommen, weil die Frau seit einer Weile verstummt ist, verdeckt von der Rede des Mannes, als hätte sie, neben ihm hergehend, kaum noch eine eigene Existenz gehabt. Nun auf einmal tritt sie wieder hervor, ganz anders, als wir es erwartet haben, und sagt ihm, wie sie seinen Vortrag empfunden hat. Es ist eine Zurückweisung von verletzender Schärfe:

»du blähst die lippen und sagst
– du solltest prediger werden –«

Dieser Riß ist der Wendepunkt des Gedichtes, ein Schock, nach dem alles anders ist, als man bisher dachte. Der Leser ist nicht darauf vorbereitet, weil das sprunghafte Voranschreiten des Gedichtes ihm keinen festen Standpunkt bietet und seine Vorstellungen immer wieder überholt. Bevor die Frau dem Mann antwortet, ist einem nur aufgefallen, daß sich die Gewißheit der Eingangsszene unversehens verflüchtigt hat. An die Stelle des Liebesdialogs, seiner Einfachheit und Unmittelbarkeit, ist der melancholische, schwer mit Bildung befrachtete Monolog des Mannes getreten. Als hielte er ihr eine akademische Vorlesung, bietet er lauter Autoritäten auf, um seiner schweigenden Zuhörerin ein Bild des menschlichen Lebens vor Augen zu führen, das mehr von Unglück und Versagung bestimmt ist als vom Glück. Doch das umhüllt er mit dem Tonfall eines sanften Zuspruchs, als wolle er ihr Mut machen, den Ernst des menschlichen Lebens auszuhalten. Als er zum Schluß seine Rede zusammenfaßt, wundert er sich selbst, wie betulich und einförmig die Moral und die Lebensweisheit der von ihm zitierten großen Geister sich in seiner Darstellung ausnehmen:

»und das klingt fast so:
– nicht weinen
– sei tapfer
– sieh doch sie alle«

Das ist der plötzliche Stimmungswechsel, den ich als unbegreifliche Verschattung beschrieben habe. War da nicht zu Anfang ein ganz anderer Ton zu hören gewesen, ein wechselseitig bestätigtes und versprochenes Glück: »liebst du mich – ja«? Auf welchem Gedankenweg, durch welche inneren Verschiebungen ist der Mann so kurz danach zu einer so pessimistischen, glücksfernen Ansicht des Lebens gelangt? Wir verstehen ihn nicht an dieser Stelle, blicken, ohne etwas Bestimmtes erkennen zu können, in einen dunklen Bereich hinter den Worten, aus dem offenbar die Szene ihre Spannung bezieht. Haben wir uns getäuscht? Ist das vielleicht kein glückliches, sondern ein trauriges Paar? » – nicht weinen – sei tapfer«, das ist gewiß nicht nur die Moral der dargestellten Religionen und Philosophien, sondern genau das, was der Mann auf dem Umweg über die Autoritäten der Frau zu sagen versuchte. Vielleicht sind diese tröstenden, mutspendenden Floskeln seine wörtlichen Formulierungen und nur der Satz » – sieh doch sie alle« verweist auf den geistigen Hintergrund dieses Trost- und Beschwichtigungsversuches wie auf ein vielfaches, stützendes Zitat.

Plötzlich antwortet die Frau. Und wie ein kalter Blitz trifft uns die Erkenntnis, daß sie das weitausholende und getragene Reden des Mannes als eine verlogene Moralpredigt empfunden hat. Er hat ihr ein resignatives Lebensprogramm einreden wollen, eine Moral der Mäßigung oder des Verzichtes, weil er sich dem Anspruch, der in ihrer Liebe lag, nicht gewachsen fühlte. Irgend etwas bindet oder hindert ihn. Nehmen wir an, er ist verheiratet und will seine Frau, seine Familie nicht verlassen. Sie indessen erwartet, daß er es tut, weil in ihren Augen die Liebe, der sie sich gegenseitig versichert haben, diese Entscheidung vollkommen legitimiert. Er dagegen, gespalten von seinem Konflikt, will ihr sagen, daß dies nicht die einzige Wahrheit sei. Und da er ein gebildeter, nachdenklicher Mensch ist, beruft er sich auf lauter Philosophen, die gesagt haben, das Leben verlange anderes vom Menschen als die Erfüllung seiner Träume. Es sei zerklüftet von Widersprüchen und durchzogen von Grenzen. Es mit Würde und Solidarität zu ertragen sei alles, was man erhoffen könne.

Er hat mit dieser Rede, mehr unbewußt als bewußt, gegenüber der Frau eine doppelte Strategie eingeschlagen. Er hat gegen ihre Erwartungen einen Schutzwall errichtet und zugleich ihre Zustimmung gesucht, er hat sie abweisen und immer noch an sich binden wollen. Sie hat seine Belehrungen als Verrat an ihrer Liebe empfunden und dahinter vor allem seine Schwäche gesehen.

Was sie dann sagt – wohl nach einer Weile fassungslosen Verstummens –, ist die schärfste und gleich auch endgültige Zurückweisung. Sie spricht ihm die Glaubhaftigkeit ab, die Wahrheitsfähigkeit. »du solltest prediger werden –«, das heißt in dieser Situation: Für mich bist du ein Meister der hohlen Phrasen, und es lohnt sich nicht, darauf einzugehen. Verächtlich bläht sie die Lippen und drückt damit aus, daß alles, was er vorgebracht und worauf er sich berufen hat, für sie so wenig Gewicht hat wie ein Flaum, den sie einfach wegpusten kann.

Noch im selben Augenblick verläßt sie ihn – »verärgert«, wie das Gedicht sagt. Das ist sicher ein zu schwacher Ausdruck, denn für sie ist eine große Erwartung zerfallen, klein gemahlen von den Konflikten und den Rationalisierungen des Mannes. Sie geht. Aber nicht, wie er es gehofft hat, in dem gemeinsamen melancholischen Einverständnis, daß für ihre Liebe kein Platz in der Welt sei, sondern nachdem sie seine ganzen Überzeugungsversuche als eine unglaubhafte, abstrakte Predigt abgewiesen hat, und damit zugleich – in schroffer Widerrufung des Liebesdialogs – auch seine Person.

Die Trennung der Liebenden ist ein langsames emotionales Sterben. Hier beginnt es erst. Und zu Beginn gibt es die verzweifelte Hoffnung, man könne den Schmerz überspringen, indem man einen tiefen Schnitt macht und das Bild des anderen mit einemmal und für immer zerstört. Das versucht sie, indem sie ihn beleidigt und ihn einen Prediger nennt. Die seelisch verletzte Frau will den

Geliebten verstümmeln, um sich einbilden zu können, sie habe nichts verloren, sie habe nur einen Irrtum revidiert. Auch das wird nicht lange halten. Es reicht vielleicht nur für die ersten Schritte, mit denen sie sich von ihm entfernt. Er kann jetzt nicht mehr sehen, was in ihr vorgeht. Sie hat ihm ja den Rücken zugewandt.

Der Mann wehrt sich nicht. Nicht nur, weil sie ihm die Möglichkeit des Einspruchs abschneidet, indem sie einfach geht, sondern vor allem wohl deshalb, weil er sich von seinen Konflikten gelähmt fühlt. Er kann sie nicht zurückrufen, denn jetzt, da alles auf ein unheilvolles Entweder – Oder hinausgelaufen ist, sieht auch er keine gemeinsam lebbare Möglichkeit mehr. Wahrscheinlich hat er die radikale Reaktion der Frau vorausgeahnt. Und er hat versucht, ihr entgegenzuwirken, indem er bei diesem Meeresspaziergang zunächst von ihrer gemeinsamen Liebe und dann erst von den entgegenstehenden Hindernissen und Unmöglichkeiten gesprochen hat. Noch in der Verhinderung hat er die Idee der Liebe unverletzt retten wollen, wohl weil er geahnt und gefürchtet hat, daß die Frau, so leidenschaftlich wie sie ist, die Erinnerung an ihn in sich zerstören wird. Er hat den Gedanken nicht ertragen können, durch ihren Blick verurteilt zu werden. Deshalb hat er sich auf so viele Autoritäten berufen, um einen Teil seiner Schuld und seiner Haftbarkeit auf den Weltzustand abzuwälzen. Doch das hat sie noch mehr gegen ihn aufgebracht. Mit Recht, denn er hat nicht offen und ungeschützt gesprochen, sondern sie nach seinen Bedürfnissen zu manipulieren versucht. Daß sie das durchschaut hat und verachtet, ist das Letzte, was sie ihm sagt. Er kann nichts mehr dagegen einwenden. Wahrscheinlich sieht er es selber so.

Doch jetzt, da er allein am Meer zurückgeblieben ist und sieht, wie das einströmende Wasser langsam »die form der verschwundenen füße« ausfüllt und die Spur der Frau bald verwischen wird, jetzt, da ihm alles aus der Hand geschlagen ist, nur Leere und Leblosigkeit ihn umgibt und er nichts mehr zu sagen weiß, jetzt erst treten seine Gedanken in ihr Recht. Nein, das Leben ist nicht nur Glück, Überschwang und erfüllter Traum, sondern auch Einsamkeit und Standhaltenmüssen. Das ist jetzt nicht mehr geläufiges Bildungswissen und praktikable Ideologie, sondern eine einschneidende Erfahrung. Und jetzt erst könnte er selber sprechen und sogar hoffen, verstanden zu werden.

Ich bin bei meiner Interpretation des Gedichtes weit über seinen manifesten Wortlaut hinausgegangen, herausgefordert und genötigt durch die Leerräume zwischen seinen Absätzen, in denen sich die Tiefendimension des Geschehens verbirgt. Das Gedicht spricht dort mit fast unhörbarer Stimme, der man die Stimme der eigenen Erfahrung und der eigenen Vorstellungskraft leihen muß, damit sein halb verborgener Sinn unverkürzt zu Wort kommt. So wird der fremde Text auch zum eigenen Text. Das Wunder ist, daß in der äußersten Knappheit und Kargheit des Textes der ganze Reichtum einer komplexen Erfahrung zu finden ist. Bewahrheitet wird das, wenn das Herausgefundene die offenen, leeren Räume der Textgestalt belebt und erfüllt und selbstverständlich von ihr gehalten wird.

Es bleibt nachzutragen, daß Zbigniew Herbert ein philosophisch denkender Autor ist, für den das Schreiben ein Erkenntnisprozeß ist und nur daraus seinen Gehalt gewinnt. Er hat dazu gesagt: »Sehr früh, fast zu Beginn meiner literarischen Arbeit, wurde mir klar, daß ich meinen Gegenstand außerhalb der Literatur zu suchen hatte. Das Schreiben als stilistische Übung fand ich unfruchtbar. Lyrik als Kunst des Wortes langweilte mich. Ich begriff auch, daß ich mich von den Gedichten anderer nicht lange hätte ernähren können. Ich mußte aus mir und aus der Literatur ausbrechen, mich in der Welt umsehen, andere Wirklichkeiten erobern.

Die Philosophie machte mir Mut, erste wesentliche Fragen, Grundsatzfragen zu stellen: ob die Welt existiert, wie ihr Wesen ist und ob sie erkennbar ist. Wenn man aus dieser Disziplin einen Nutzen für die Lyrik stiften kann, dann nicht dadurch, daß man Systeme beschreibt, sondern daß man den Gedankenprozeß offenbart.«

Das Gedicht »Episode«, das ich zu lesen versucht habe, löst diese Vorstellung vom Schreiben vollkommen ein. Und es zeigt auch, was ein Philosoph ist: nicht ein Mensch, der sich im Besitz von Wahrheiten glaubt, sondern jemand, der es wagt, den aus Worten gewebten Schleier wegzureißen, der uns gewöhnlich die Bodenlosigkeit und Zerbrechlichkeit unserer Existenz verbirgt.

An den Rändern der Bedeutung

Zu den Fotografien von Jörg Krichbaum

1988

Seit vielen Jahren bin ich von Jörg Krichbaums Fotos fasziniert, doch ich kann nicht behaupten, daß ich mit ihnen vertraut sei. Ihr Widerstand gegen jede Eingemeindung ins Bekannte und Vertraute scheint ihr Wesen zu sein. Sie sprechen mich an in ihrer Sprache, doch sie sind nicht gesprächig. Weder erzählen noch appellieren sie, und sie haben auch nichts zu verschweigen. Diese Steine, Mauern, Hecken, Treppenstufen, diese Schatten und Lichtschneisen, diese Flächen, Linien, Kanten, diese Winkel und Biegungen, diese hell ausgeleuchteten Raumausschnitte existieren am Rand unserer Bedeutsamkeiten. Sie sind unübersehbar präsent, aber in ihrem stummen Für-sich-sein eine Dingwelt, zufällig und faktisch, fixiert von einem sprachlosen Blick. Strahlen diese Bilder Stille und Ruhe aus oder Leere, Abwesenheit, Fremdheit, Sinnlosigkeit, eine Lähmung des Verstandes, einen stillstehenden Schock? Es scheint mir freigegeben, sie so oder so zu lesen. Doch werfen sie nur zurück, was in mir ist.

Während ich die Bilder betrachte, beginne ich mich allmählich zu verwandeln. Meine Begriffe, meine Erwartungen kommen mir abhanden, sogar die Bestimmtheit meiner Person. Ich bin Auge geworden, ein stummer Geist des Sehens, gebannt auf der Schwelle einer ungedeuteten, unverfügbaren Welt. Ich weiß zwar, was ich im einzelnen sehe, erkenne die Gegenstände, doch das Ganze scheint mir etwas vorzuenthalten, und die Auskünfte, die der Fotograf mir gibt, wenn er manche Bilder mit Ortsnamen und Jahreszahlen versieht, machen erst recht spürbar, daß es hier keine vertrauten Gewißheiten, nichts im konventionellen Sinne Erkennbares und Sehenswürdiges gibt. Die Bezeichnungen fixieren Fundorte, doch das, was der Fotograf und seine Kamera gefunden haben, ist uncharakteristisch und namenlos.

»München, 1985« – das sind die Handläufe einer Rolltreppe, die Rückseite einer Ampelanlage und zwei Beleuchtungskörper in einem fast wolkenlosen Himmel. Drei hölzerne Badehäuschen auf einem leeren Stück Sandstrand sind mit »Ravenna, 1984« bezeichnet. Die Stufen einer frisch gegossenen Betontreppe, auf der Reste der Verschalung liegen, tragen die Bezeichnung »Pempelfort, 1983«. Es könnte überall sein.

Wie weit diese Bildauffassung, dieses motivische Interesse von der alltäglichen Wahrnehmung und erst recht vom allgemeinen Konsens über Sehenswürdigkeiten entfernt ist, macht man sich am besten deutlich, wenn man sich den Fotografen als einen Reisenden vorstellt, der mit seiner Bildausbeute heimkehrt, um zu zeigen, was er gesehen hat. In Antwerpen war es ein leerer Korridor mit kahlen Wänden, in Florenz ein Metallzaun vor einer Ziegelmauer, in Essen ein Büschel Ziergräser, in Nymphenburg ein aus dem Boden hervorragendes Stück Rohr, umgeben von bröseligen Laubresten. Gemessen an konventionellen Erwartungen sind das lauter Nichtigkeiten, die sich weder in ein kulturelles oder historisches Bedeutungssystem einordnen lassen noch irgendein menschliches Lebensinteresse ansprechen. Es sind Blicke in ungestaltete, bedeutungslose Zufallswinkel der Welt, in Dingansammlungen, die gegenüber unseren Begriffen in gleichgültiger Neutralität verharren, so daß sich unser Sehen vom Bescheidwissen, ja vom Verstehen löst, auch alle lebenspraktischen Orientierungen hinter sich läßt und reines Sehen wird, bloßes Sehen, gebannt und sinnblind zugleich. Wenn nicht dies gerade der aus allen Bildern hervortretende Sinn ist: zu erkennen, daß sich die Wirklichkeit nur oberflächlich unseren Bedeutungen und Ordnungsschemata fügt und einem unvoreingenommen schweifenden Blick überall unvorhersehbare Nuancen und Besonderheiten, Zufälligkeiten und Beliebigkeiten, das Nebeneinander des scheinbar Unvereinbaren zeigt.

Wir sehen die Kontingenz der Welt, was nach der philosophischen Logik heißt, das, was weder notwendig noch unmöglich ist. Überall kann man es wahrnehmen auf diesen Bildern: das Unaufgeräumte, Unfertige, Bruchstückhafte, Momentane, Unwiederholbare unserer empirischen Welt, das seit je als Chaos und schlechte Unendlichkeit gefürchtet wurde und mit Symmetrien, Idealen, Bedeutungssystemen geordnet werden mußte, um als menschlich und bewohnbar zu gelten. Doch für unsere Augen stellt das Zufällige und Besondere einen starken, anarchischen Reiz dar, an dem sich unser Wirklichkeitssinn erfrischt. Denn es ist schon zu einem Bestandteil unserer Sensibilität, zu einem unbewußten Wissen geworden, daß das begriffliche Denken den Ordnungsgrad der Realität überschätzt und Gott, wenn überhaupt noch irgendwo, im Detail steckt, während sich über die Welt im ganzen nichts mehr sagen läßt, außer daß sie alles ist, was der Fall ist.

Die Fotos von Jörg Krichbaum reden nicht demonstrativ von dieser Erfahrungslage, aber indem sie allen optischen Gemeinplätzen und Symbolen, allen erzählerischen, moralisierenden, sentimentalen Motiven aus dem Wege gehen, geben sie sich als ein weiterer Schritt in der fortschreitenden Emanzipation der Wahrnehmung von der Bedeutung zu erkennen. Sie repräsentieren ein spätes Stadium einer Entdeckungsreise, deren anthropologischer Ausgangspunkt die unbeschränkte Herrschaft der Praxis über das Sehen war. Man sah, was für das Leben wichtig war und was sich im Umgang mit anderen Menschen bewährt hatte. Schnelles, automatisches Erkennen war wichtig, Konstanz des Schemas, Wiederholbarkeit der Eindrücke. Was es sonst noch alles zu sehen gab, die extensive und intensive Unendlichkeit der sichtbaren Welt, war zugunsten der lebenspraktischen Signale und konsensbildenden Bedeutsamkeiten beiseite gedrängt. Vormoderne, traditionsbestimmte Kulturen waren streng darauf bedacht, ihren Bestand an Bedeutsamkeiten zu bewahren und gegen jede Irritation von innen und außen abzudichten. Sie glichen befestigten Lagerplätzen inmitten einer fremden, bedrohlichen Außenwelt. Doch im gleichen Maße, wie mit der fortschreitenden Differenzierung der Gesellschaftssysteme die Fähigkeiten der Realitätsbeherrschung zunahmen, entgrenzte sich auch die Wahrnehmung, wurde in Wissenschaft und Kunst zum Selbstzweck erhoben und begann über die Grenzen der Alltagspraxis immer weiter hinauszuwachsen, eine unabschließbare Entdeckungsreise. Das Fremde und Unbekannte wurde zur Lockung, zur Herausforderung, zu einem ständigen Reiz.

Man kann die Geschichte der europäischen Malerei als eine Spiegelung dieser fortschreitenden Entgrenzung verstehen. Wir sehen, wie aus der Starre und Enge religiöser

Kultbilder allmählich ein bewegter erzählerischer Stil entsteht, der sich auf Figuren und Umgebungen, auf Situationen und beiläufige Details einläßt, bis schließlich die religiösen Motive nur noch einen Vorwand bilden für die Darstellung der sichtbaren Welt. Die neu entdeckten Realitätsbereiche, der Mensch, sein Gesicht, sein Körper, seine Sitten und Verhaltensweisen, seine Interieurs, seine Arbeit, seine Kämpfe, aber auch die Landschaft, das Meer, das Gebirge, Tiere, Pflanzen, Gegenstände, das Wetter, das Licht, sogar die Träume, lösen sich aus der Vormundschaft der religiösen Weltdeutung und differenzieren sich teilweise zu eigenen Sparten der Malerei aus. Alles wird allmählich bildwürdig, alles interessant. Ein Kohlkopf verdient nun dieselbe künstlerische Aufmerksamkeit wie früher ein Madonnengesicht. Den Augen der Maler sind sachlich keine Grenzen mehr gesetzt.

Aber das Medium selbst setzte die Grenzen. Das wurde allerdings erst deutlich, als mit der Fotografie ein neues bildnerisches Medium entstand, das – nach Jahrzehnten der Anlehnung an die Malerei – mit den neuen Verfahren der Bildherstellung eine neue Bildauffassung entwickelte. Erst durch die technisch perfektionierte Fotografie wurde die traditionelle Knappheit der Bilder überwunden, die der Malerei, ohne daß man sich dessen bewußt werden konnte, zugleich ein innerer Halt und eine Fessel war.

Die Malerei ist ein langsames, kostspieliges, arbeitsaufwendiges Medium, das die Maler dem unentrinnbaren Zwang zur Selektion unterwirft. Da es Tage, Wochen, Monate dauern kann, bevor ein Bild vollendet ist, verdrängt jedes gemalte Bild andere mögliche Bilder, für die keine Zeit und Kraft mehr blieb. Und schon allein diese Nötigung, sich für eine begrenzte Anzahl von Motiven und Ansichten zu entscheiden, bindet die Maler, bewußt oder unbewußt, an die Idee des Bedeutsamen, Wesentlichen, Exemplarischen, auch dann, wenn ihr Interesse dem Momentanen, Zufälligen und Beiläufigen gilt. Auch dafür müssen sie einen wesentlichen Ausdruck suchen, ein Bild, das die nicht gemalten Bilder vertritt, enthält oder vergessen macht. Ein Maler wird überzeugt bleiben müssen, daß es wesentliche und unwesentliche Ansichten eines Gegenstandes gibt und seine Entscheidung für eine einzige Ansicht sich legitimieren läßt.

Nicht so der Fotograf, dem es seine Technik erlaubt, mit geringem Arbeits- und Materialaufwand und zu niedrigen Kosten in kürzester Zeit eine große Anzahl von Bildern zu machen oder – wie es bezeichnenderweise auch heißt – zu »schießen«. Er braucht zunächst nicht an Selektion zu denken. Das läßt sich verschieben auf einen späteren Arbeitsgang, wenn das entwickelte Material, seine optische Ausbeute, vor ihm liegt. Beim Fotografieren kann er sich vagierend verhalten, vollkommen offen für die Mannigfaltigkeit der sichtbaren Welt, jederzeit bereit, auf jeden Reiz, jede Anmutung mit einem Schnappschuß zu reagieren, bevor ein abwägendes Zögern den unwiederholbaren Moment und die einzigartige Nuance verpassen kann. Wenn dann alles fixiert ist, kann man sich für die Auswahl so viel Zeit lassen, wie man braucht.

Von einem so expansiven Verfahren bleibt die Vorstellung, was ein bildwürdiges Motiv und eine interessante Perspektive sei, nicht unbetroffen, denn bei Hunderten von Bildern sieht die Auswahl einiger weniger oder gar eines einzigen wie bloße Willkür aus. Auf welche Normativitäten, welchen Konsens will man sich dabei berufen? Sind nicht prinzipiell alle Aspekte der Wirklichkeit gleich bildwürdig, gleich interessant? Angesichts der Entgrenzung unserer Wahrnehmung durch die Fotografie kann einem die Idee des wesentlichen Bildes als ein idealistisches Relikt erscheinen, als eine Komplexitätsreduktion, die den Charakter von Verleugnung und Verdrängung hat.

Ich spreche hier nicht von der Arbeitsweise und der Bildauffassung einzelner Fotografen, sondern von der Botschaft des Mediums, seinen Möglichkeiten und Gefahren, die keiner einfach ignorieren kann. Manche Fotografen gehen entschlossen auf Gegenkurs und setzen den Gefahren der Entgrenzung und Zerstreuung sorgfältig gebaute, hoch selektive Bilder entgegen. Doch wie immer haben solche Extreme teil am verdrängten Gegenteil: Das Exklusive und Gesuchte ist vom Beliebigen und Zufälligen nicht weit entfernt, sondern stellt nur dessen manierierte Grimasse dar.

Auch Jörg Krichbaums Fotos zeigen Züge einer exklusiven Manier. Doch wenn man sie als Serie betrachtet, halten sich die Entgrenzung des Blicks und seine formale Begrenzung sichtbar in der Schwebe. Bei der Auswahl der Motive ist alles Bedeutsame, Exemplarische oder gar Repräsentative vermieden. Es scheinen Zufallsfunde zu sein, Zeugnisse einer frei schweifenden Aufmerksamkeit, die das Bewußtsein, alles Wirkliche sei auch interessant und bildwürdig, verinnerlicht hat und sich nicht mehr in Legitimationsnot sieht. Krichbaum lehnt sich nicht an dokumentarische und narrative Interessen an, sondern fotografiert mit dem Auge eines Entdeckers, dem es darum geht, sichtbar zu machen, was alles gerade in alltäglicher Umgebung von dem Vorurteil, es sei belanglos, verdeckt und überschattet wird. Doch zugleich hat er strenge Vorkehrungen getroffen, die verhindern sollen, daß sich die Entdeckungsreise im Unendlichen und Beliebigen verläuft. Krichbaum folgt beim Fotografieren nicht einfach seinen spontanen Impulsen, sondern hat seit über zehn Jahren aus zunächst tastenden Versuchen eine feste Methodik entwickelt, die aus sieben Regeln besteht und in jedem Einzelbild erkennbar bleibt: Das Bildmotiv muß Bestandteil der Realität sein. Es wird gefunden und nicht erfunden, und es darf nicht manipuliert und verändert werden. Die technischen Bedingungen sind folgende: Schwarzweiß-Film, Querformat, Kameraperspektive in Augenhöhe, durchgehende Bildschärfe. Krichbaum benutzt immer dieselbe Kleinbildkamera, eine Leica, und ein gemäßigtes Weitwinkelobjektiv, außerdem nach Möglichkeit immer dasselbe Papier und denselben Entwickler. Das Ganze stellt ein künstliches System dar, das eine begrenzte, in sich normative Bildwelt aus der extensiven und der intensiven Unendlichkeit, der Totalität des Seienden ausfiltert.

Krichbaum mag die Operationsregeln, nach denen er arbeitet, als das ihm gemäße, gewissermaßen natürliche Verfahren empfinden. Es hat sich ja allmählich aus seiner Praxis entwickelt und ist dann erst zu einem bewußten, formalen Konzept geworden. Dennoch läßt sich nicht mehr einfach von den Bildern sagen, sie seien Dokumente eines subjektiven Blicks, denn die Subjektivität ist überformt worden durch ein operationales Programm, das sie bindet und ihr Grenzen setzt. Wie streng diese Selbstlimitierung ist, wird anschaulich, wenn man in Gedanken nur eine der festgeschriebenen Verfahrensregeln verändert: Man würde trotz gleicher Bildmotive völlig andere Resultate bekommen.

Die Wahl zwischen verschiedenen Verfahren oder Zugangsweisen zur Realität ist objektiv nicht zu begründen, aber unverzichtbar. Seit nämlich der Apparat mitsieht und beispielsweise mit wechselnden Objektiven und Blenden ein Repertoire von wirksamen Eingriffsmöglichkeiten dem menschlichen Auge vorschaltet, ist die Vorstellung eines naturwüchsigen, subjektiven Sehens, an das die Maler noch glauben mochten, historisch verabschiedet. Man kann sich nicht mehr darauf verlassen, ganz von innen her – durch persönliche Interessen und Empfindsamkeiten – der Welt in bestimmter Weise zugeordnet zu sein, sondern hat ein deutliches Bewußtsein dafür, daß man es so und anders machen könnte, daß Stil, in traditioneller Auffassung eine Art von unverwechselbarer Handschrift, ein zusammengesetztes Phänomen ist, ein disponibles Schema nämlich, das der Subjektivität einen Rahmen setzt. Sehen heißt nun auch, ein Repertoire wählen.

Nein, der Geist ist nicht daraus vertrieben, aber er ist auch nicht untrennbar mit dem Operationsprogramm verwachsen. Der Künstler hat es gewählt, er will es zur Evidenz bringen, er will ausprobieren, was es zu leisten vermag. Doch er wird diese Serie irgendwann beenden, weil sie, ohne an ein objektives Ende gelangt zu sein, künstlerisch erschöpft ist. Jedes festgeschriebene operationale Programm bildet so schon die Ausgangslage für ein neues Programm, das sich eines Tages von dem alten absetzen wird, meistens allerdings nicht radikal, sondern durch die Veränderung der einen oder anderen Produktionskonstante, denn methodische Kontinuität ist der einzige Ariadnefaden im sich immer weiter verzweigenden Labyrinth der unbegrenzten Möglichkeiten.

Jörg Krichbaum hat den Umfang der Produktionsserie, die den Titel »Ansichten« trägt, auf tausend Fotos festgesetzt und ihren Abschluß für 1992 geplant. Das ist eine bewußte Grenzziehung, die davon ausgeht, daß es eine natürliche Vollendung im Sinne der Erfüllung einer inneren Notwendigkeit nicht geben kann, sobald die Unendlichkeit der Realität zum künstlerischen Problem geworden ist. Sowohl der Zusammenbruch aller selektiven Wertsysteme und Hierarchien, aus dem die moderne Faktenwelt hervorgegangen ist, wie die rapide Ausweitung der bildnerischen Kapazitäten durch die Entwicklung der Fotografie haben diese Situation herbeigeführt.

Ein Bewußtsein dieser Lage artikulierte sich zum ersten Mal 1913, als Duchamp das Ready-made erfand. Indem er das Rad eines Fahrrades oder einen Flaschentrockner als künstlerische Objekte ausstellte, waren mit einem Schlage unzählige Gegenstände der alltäglichen Lebenswelt zu potentiellen Kunstobjekten geworden. Man brauchte ein Kunstwerk jetzt nicht mehr herzustellen, sondern nur noch zu finden. Angesichts der nun drohenden Inflation von beliebigen Objekten sah sich Duchamp vor die Notwendigkeit gestellt, künstliche Selektionsbedingungen zu erfinden, um die Anzahl der möglichen Ready-mades drastisch zu beschränken. Er notierte: »Die Zahl der Ready-mades pro Jahr begrenzen.« Und: »Die Ready-mades präzisieren, indem man sich für einen Moment der Zukunft (den und den Tag, Datum, Minute) ein Ready-made vormerkt. Das Ready-made kann hierauf gesucht werden – mit genügender Frist.«

Duchamp wollte den exklusiven Bereich der Kunst öffnen und ihn mit der alltäglichen Lebenswirklichkeit verschmelzen, indem er einen gewöhnlichen Gebrauchsgegenstand zum Kunstwerk erklärte, sah sich aber sogleich gezwungen, diese Entgrenzung wieder zurückzunehmen und dem Ready-made eine künstliche Exklusivität zu schaffen, damit sein Zeichenwert nicht durch massenhaft exponierte Beliebigkeiten verlorenging. Vor ähnlichen Widersprüchen stehen heute die künstlerisch bewußten Fotografen. Ihr Medium, das durch die fortschreitende Ausweitung der sichtbaren, der bildwürdigen Welt das Sehen revolutioniert hat, birgt in sich die Gefahr, durch die Entgrenzung der Bildproduktion das Sehen zu behindern und abzustumpfen und die Welt durch eine Inflation der Bilder zu verschütten. So müssen die Fotografen eine doppelte Strategie einschlagen: Um die abgenutzte Wahrnehmungslust und Wahrnehmungsfähigkeit wieder zu beleben, müssen sie alle optischen Gemeinplätze meiden und neue, noch nicht gesehene Aspekte der Realität entdecken. Sie tragen so dazu bei, die Vielfalt der sichtbaren Welt fortschreitend zu differenzieren und zu erweitern. Doch zugleich stehen sie vor der Notwendigkeit, die Flexibilität des Mediums formal zu bändigen und seiner uferlosen Expansion Grenzen zu setzen, etwa indem sie ihre Aufmerksamkeitsrichtung methodisch stabilisieren und dem Medium die Zügel eines strengen operationalen Programms anlegen. Jörg Krichbaums Bildserie »Ansichten«, ein über Jahrzehnte hinwegreichendes Arbeitsvorhaben, ist dafür ein markantes Beispiel. Je weiter und ausführlicher er sich auf die sinnfernen Zufallswinkel der kontingenten Welt einläßt, um so dringender braucht er als Schutz gegen Beliebigkeit das Kontrollinstrument einer konsequent durchgehaltenen Methode. Den gelegentlichen Anschein von Purismus muß er dafür in Kauf nehmen.

Doch man kann diesen Bildern nicht gerecht werden, ohne von der Faszination zu sprechen, die von ihrer Fremdheit und ihrer eigenartigen Menschenleere ausgeht. Fotos, die Menschen zum Thema haben, sind beredt. Seien es nun Porträts oder Lebensszenen, immer fordern sie unser Einfühlungsvermögen, unsere Lebenskenntnis, unsere Neugier heraus und sprechen unsere Gefühle, unsere Moral, unsere unbewußten Instinkte an. Vor Jörg Krichbaums Fotos befindet man sich in einer vollkommen anderen Situation. Menschen und menschliche Situationen kommen in ihnen so gut wie gar nicht vor, und obwohl die Szenerien und Dinge, die sie darstellen, von und für Menschen gemacht sind, scheint sich jeder vertraute Sinn aus ihnen verflüchtigt zu haben. Man sieht auf diesen Fotos die menschengemachte Welt, als seien die Menschen ausgestorben oder hätten sich ohne erkennbaren Grund von den gewohnten Schauplätzen ihres Lebens zurückgezogen. Die Strände, die Baustellen, die Parks, die Straßen, die Parkhäuser, die Korridore, die Treppenhäuser – alles ist leer. Eine kleine Bildserie mit Zootieren hat auch dieses Thema jenseits der üblichen menschlichen Neugier und Einfühlungsbereitschaft dargestellt. Die Tiere sind für sich da, von uns abgewandt. Sie scheinen uns nicht zu brauchen und nicht wahrzunehmen. Der Blick einer Löwin, der durch die Gitterstäbe auf uns gerichtet zu sein scheint, geht wohl auch nur ins Leere.

Wir sind allein vor diesen Bildern, sind unversehens zu Fremden geworden, nicht ausgestattet mit den richtigen Begriffen. Obwohl sie äußerlich unverändert sind, scheinen sich die gewohnten Dingwelten vor uns verschlossen zu haben. Hinter dieser Sicht kann man Berührungsängste und misanthropische Distanzbedürfnisse vermuten.

Es ist aber vor allem auch ein ästhetisches Programm, dessen Zugehörigkeit zu einer zeitgenössischen Stilrichtung unverkennbar ist. Jörg Krichbaum ist auch Schriftsteller, und seine Prosatexte verraten deutlich ihre Verwandtschaft mit den frühen Romanen von Robbe-Grillet, einem der Hauptautoren des französischen Nouveau roman. Es ist deshalb nicht erstaunlich, daß man Robbe-Grillets Äußerungen über seine Schreibweise, wie sie sich beispielsweise in einem programmatischen Aufsatz aus dem Jahre 1958 finden (»Dem Roman der Zukunft eine Bahn«), ohne weiteres zur Beschreibung von Krichbaums Fotos verwenden kann. So zum Beispiel folgende Sätze: »Die Dinge beschreiben heißt nämlich, sich entschlossen aus ihnen heraushalten, sich ihnen gegenüberstellen. Es handelt sich nicht mehr darum, sie sich anzueignen oder das geringste auf sie zu übertragen.« Und: »Die Welt um uns herum wird wieder eine glatte Oberfläche ohne Bedeutung, ohne Seele, ohne Werte.«

Hört man genau in diese hochfahrenden, schroffen Sätze hinein, wird ein anderer Ton vernehmbar: Hier spricht jemand einen Wunschtraum aus. Es ist der Traum von einem neuen Anfang, vom neuen weißen Fleck auf der Landkarte der von den Menschen so gründlich unterworfenen und bis zum Überdruß beredeten und interpretierten Welt. Dieses Bedürfnis, dem ewigen Diskurs zu entkommen und die Bedeutsamkeiten, Zwänge, Vorurteile, die unser Leben beherrschen, vorübergehend abzustreifen, um im Blick auf das stumme Für-sich-sein der Dinge die Wahrnehmungs- und Erlebnisfähigkeit wieder zu beleben, hat auch Krichbaums Fotos mitgestaltet. Es hat aus ihnen die laute Aufdringlichkeit und Ausdruckskraft des menschlichen Lebens verbannt und eine geisterhafte Stille hergestellt, die die Szenerien zu Schauplätzen für Träume macht. An den Rändern und in den Zwischenräumen der Bedeutungen breiten sich auf diesen Fotos verschwiegene, unauffällige Räume aus, über die noch nicht verfügt zu sein scheint und die deshalb ein heimliches utopisches Gefilde sind. Von hier aus wird auch Krichbaums Affinität zur phantastischen Malerei und den Bildern Chiricos verständlich. Fotografieren kann er das Wunderbare nicht. Aber indem er auf seinen Bildern die Welt von den gewohnten Bedeutungen befreit, entsteht die unbestimmte Erwartung, eine lautlose, unabsehbare Veränderung stünde bevor. Die Welt ist auf diesen Bilder wieder voller stummer Latenzen. Noch ist sie wie von Lähmung befallen und in Zufälligkeit erstarrt. Doch wird – je länger man hinsieht – gerade das zum Anlaß, sich ihre neue unvorhersehbare Belebung vorzustellen.

Ein sozialer Raum ohne Entfremdung?

Rückblick auf die Gruppe 47

1988

Aufgefordert, aus meiner Erinnerung etwas über die Gruppe 47 zu schreiben, an deren Tagungen ich einige Jahre teilgenommen habe, befiel mich das befremdliche Gefühl, zu einem Veteranentreffen eingeladen zu sein. Ja, ich war dabei, in Aschaffenburg, in Saulgau, in Berlin, in Sigtuna und an anderen Orten, und natürlich gibt es da Anekdoten zu erzählen und Aussprüche zu überliefern, ist zu erinnern an die rhetorischen Wettkämpfe der kritischen Zelebritäten, ihre Lobsprüche und Verdammungen, einem auf- oder abwärtsgerichteten Daumen von cäsarischer Machtfülle gleichend, während der Autor stumm auf dem sogenannten elektrischen Stuhl saß, aber an der Art, wie er am Ende sein Manuskript zusammenraffte und zu seinem Platz zurückging, trotz aller Beherrschung auch jedem gerade erst Hereingekommenen zu erkennen gab, was ihm widerfahren war. Es wäre zu erzählen, was danach am Rande geschah, wie die Gebeutelten und Geschlagenen getröstet wurden, aber doch merklich verdunkelt erschienen und ein wenig beiseite gedrängt, während diejenigen, die mit ihrem Text und dem Zeitpunkt ihrer Lesung mehr Glück gehabt hatten, in den inneren Kreis oder doch bis an seine Peripherie aufrückten und zu Stützen der Gesellschaft wurden. Von den Festen wäre zu erzählen und von den politischen Stellungnahmen der Gruppe, ihrem Selbstverständnis, neben ihrer Zuständigkeit für die Literatur auch ein öffentliches, demokratisches Wächteramt zu haben. Dafür wäre die berühmte

Spiegel-Affäre ein Beispiel, bei der das öffentliche Protestschreiben der Gruppe, überall veröffentlicht und beachtet, entscheidend dazu beitrug, einen Angriff auf die Pressefreiheit abzuwehren. Und an eine denkwürdige Berliner Tagung wäre zu erinnern, die vor dem Hintergrund der Kubakrise stattfand, als für einige bange Tage mit dem Ausbruch eines dritten Weltkrieges zu rechnen war. Trotzdem waren alle Eingeladenen gekommen und widmeten sich mit ganzem Ernst den Lesungen und der Kritik, während in den Pausen die neuen Meldungen besprochen wurden. Als dann die Nachricht kam, daß sich die Lage entspannt hatte, mündete die Tagung in ein ausgelassenes Fest.

Doch immer noch ist das Veteranenprosa, mit dem besonderen Blick für Episoden und Details, in dem ein wenig Verklärung liegt und auch der Stolz der Zeugenschaft: Ja, wir waren dabei, damals. So formierte sich nach dem Krieg die deutsche Literatur. Ein ehemals kleiner Freundeskreis wuchs und gewann Ansehen und Einfluß, wurde eine öffentliche Instanz.

Die Geschichte, die hier zu erzählen wäre, zeigt unter der anekdotischen Oberfläche eine großräumige dramatische Struktur. Sie handelt von einem kontinuierlichen Aufstieg zu öffentlichem Einfluß und Ansehen und von beginnender hybrider Realitätsverkennung, plötzlichem Umschwung und unaufhaltsamem Sturz. Und dieses unerwartete Ende der Gruppe zeigte sich dann auch als eine historische Zäsur.

Den Höhepunkt der Gruppengeschichte stellte die Tagung in Sigtuna in Schweden dar. Dabei wurde nicht nur die abgerissene traditionelle Beziehung zur schwedischen Literatur unter neuen Vorzeichen wieder angeknüpft, sondern überhaupt ein großer Schritt in die internationale Szene getan. Die deutsche Nachkriegsliteratur wurde durch die spektakuläre Schwedenreise weithin interessant. Kein Wunder, daß das Auswärtige Amt die Reise subventionierte, wie auch die folgende Reise der Gruppe in die USA. Etwas Kostbares, historisch Einmaliges hatte sich da gebildet: eine vorführbare, moderne, demokratische deutsche Literatur mit erstaunlicher Lese- und Diskussionskultur, die außerdem wie ein Wanderzirkus transportabel war.

Die meisten Autoren, die sich in den letzten Jahren – meistens dank der Gruppe – einen Namen gemacht hatten, waren in ihr versammelt. Ein Auftritt der Gruppe 47 war also ein Superereignis, wie es kein Manager der Kulturindustrie mehr zustande brächte. Das weckte Neugier und brachte neue Einladungen. Wollten die Schriftsteller anderer Länder von der Gruppe lernen? War es abwegig zu denken, daß auf Grund günstiger historischer Voraussetzungen im Nachkriegsdeutschland ein zukunftsweisendes Phänomen entstanden war? Und konnte man dann nicht weiterträumen, von befreundeten internationalen Schriftstellergruppen, vitaler und literaturnäher als der PEN-Club, die sich gegenseitig unterstützten und auf die geistige und die politische Kultur ihrer Länder Einfluß gewannen? Solche Gedanken wurden nicht programmatisch verlautbart. Es war die Stärke der Gruppe, daß es bei ihr nichts Programmatisches und Offizielles gab. Doch schon die Reise nach Schweden hatte etwas Utopisches und Beispielhaftes. Die Reise in die USA sollte daran anknüpfen, und bestimmt sollte die geplante Reise in den »Prager Frühling« zeichensetzende Bedeutung haben. Literatur erschien als grenzüberwindende Kraft, und in der Gruppentagung konnte man das Modell einer idealen, auf fairem Wettbewerb, Diskussion und demokratische Überzeugungen gründenden Gesellschaft sehen.

Doch die Reise nach Prag konnte nicht mehr stattfinden, weil dort inzwischen die sowjetischen Panzer herrschten. Gleichzeitig verlor die Gruppe im eigenen Lande ihre Bedeutung und Aktualität, weil sie von den literaturfremden Praxisforderungen der Studentenrevolte überrollt und überfordert wurde. Es dauerte nicht mehr lange, und man konnte in dem berühmten »Kursbuch 15«, übrigens von einem ehemaligen Gruppenmitglied, lesen, Literatur zu verfassen sei eine müßige, gesellschaftlich vollkommen bedeutungslose Beschäftigung, von bestimmten Ausnahmen praxisnaher Agitations- und Reportageliteratur einmal abgesehen.

Ich hatte mich schon früher von der Gruppe zurückgezogen. Die Reise in die USA hatte ich nicht mehr mitgemacht, befremdet, weil es in ein Land ging, das gerade den Vietnamkrieg führte, aber vor allem, weil mir diese Form von staatlich gefördertem Gruppentourismus und Kulturexport höchst fragwürdig war. Hätte man so etwas mit Proust und Joyce, mit Kafka, Beckett oder Faulkner veranstalten können? Oder mit irgendeinem anderen Autor, den ich bewunderte? Die Eindeutigkeit, mit der ich das verneinen mußte, machte es um so dringlicher zu erklären, wieso es mit den meisten zeitgenössischen deutschen Autoren, unter denen es doch auch eigenwillige Persönlichkeiten gab, so reibungslos klappte. Wieso waren sie überhaupt organisierbar? Warum fügten sie sich diesem Zwang, regelmäßig zu einer Tagung zu fahren und dort ihre erst entstehenden und noch schutzbedürftigen Texte der Beurteilung durch eine von gruppendynamischen Vorgängen hin- und hergezerrte, kollektive Kritik auszusetzen? Das hieß doch, die Kollegen, die Kritiker und, als ihr Gefolge, die Gäste der Tagung, Verleger, Lektoren, Redakteure, in das eigene Arbeitszimmer einzuladen und sich noch während des Schreibens abhängig zu machen von ihren Einsprüchen und improvisierten Meinungen. Warum machte man das mit? Warum ließen sich immer wieder neue Autoren darauf ein?

Ich mußte mir diese Frage natürlich selber vorlegen und konnte mir nicht verschleiern, daß ich mich zu einem wirklich kritischen Urteil erst durchrang, als ich eine schlimme Erfahrung gemacht hatte. Es scheint mir nötig, das klarzustellen, denn es gehört mit zu den Wahrheitsbedingungen meiner Argumentation. Dreimal hatte ich bei einer Tagung der Gruppe vorgelesen – einen experimentellen Prosatext (»Während«), ein Hörspiel aus drei Inneren Monologen (»Bau einer Laube«) und das zweite Kapitel meines ersten Romans (»Ein schöner Tag«), und jedesmal waren die Texte gut bis sehr gut beurteilt worden. Aber bei der vierten Lesung, als ich das vierte Kapitel desselben Romans vortrug, entwickelte sich eine Katastrophe. Der Text wurde einhellig und geradezu aggressiv abgelehnt. Wenn ich aber die beiden Romankapitel verglich, konnte ich beim besten Willen keinen wesentlichen Unterschied entdecken; jedenfalls keinen wie Tag und Nacht. So sehe ich es auch heute noch und empfehle es zur Nachprüfung. Wenn es aber so war, dann mußte das gegensätzliche Resultat der beiden Lesungen in den Nebenumständen begründet sein. Die günstigen Umstände bei der Lesung in Sigtuna sind unbestimmter und schwer zu benennen. Vielleicht hing die gute Beurteilung mit einer euphorischen Gesamtstimmung zusammen oder dem eher zufälligen Umstand, daß der erste Diskussionsredner sich lebhaft für den Text aussprach und damit andere, noch schwankende Zuhörer überzeugte. Die Zustimmung war jedenfalls so deutlich, daß Einwände, die vorgebracht wurden, nur wie marginale Bemerkungen erschienen, die dazu dienten, den Eindruck einer Diskussion zu wahren. Das Ergebnis machte mich so sicher, daß ich mich dazu verstieg, bei der nächsten Tagung in Berlin wieder aus dem Roman zu lesen. Es war mir nicht bewußt, daß ich damit gegen eine ungeschriebene Regel verstieß. Ich dachte nur, es sei gut, das Buch noch einmal ins Gedächtnis zu rufen, denn da ich berufstätig war, kam ich nur langsam damit voran, und das Ende war noch nicht abzusehen. Passieren, so dachte ich, konnte mir ja nun nichts mehr.

Aber in Berlin war alles anders. Ich hatte mich inzwischen programmatisch exponiert, und das hatte wahrscheinlich Widerspruch erzeugt, der noch nicht laut geworden war. Ich glaubte, so etwas zu spüren, als ich auf dem »elektrischen Stuhl« saß. Doch vielleicht war es auch nur die ungünstige Situation. Ich war erkältet und las schlecht. Und ich las viel zu lange, weil der Text, um verständlich zu sein, keinen kürzeren Ausschnitt erlaubte. Es war kurz vor dem Mittagessen. Man hatte den ganzen langen Vormittag Texte gehört und war erschöpft. Zuletzt aber war ein lustiger Text gelesen worden. Man hatte gelacht, und das wäre ein guter Abschluß des Vormittags gewesen. Nun kam ich noch mit einem Text, der von einer Beerdigung handelte und durchflochten war von Erinnerungen an Kriegsende und Flucht. Darauf konnte sich zu dieser Stunde niemand mehr einstellen, und so sagte der erste Diskussionsredener gleich, der Text habe ihn gelangweilt. Ich wußte sofort, eine Diskussion, die mit einem so summarischen Urteil begann, lief auf einen Verriß hinaus. Gelähmt erlebte ich eine jener kollektiven Exekutionskritiken, bei denen die Redner den Stab, der über dem Haupt des Autors gebrochen werden sollte, einander wie Staffelläufer aus der Hand rissen, denn jeder wollte ihn ein Stück getragen haben. Und wenn sie endlich am Ziel waren, stand der Autor weit, weit entfernt von ihnen, obwohl es das Schreckliche war, daß er sich mitten unter ihnen befand.

Die schlimmste Folge war psychologischer Art. Es wurde unerhört schwer, das Buch weiterzuschreiben. Man mußte ja davon ausgehen, daß es ein vergebliches Unterfangen war. Denn das Urteil würde sich kaum revidieren lassen. Als ich mir diese Situation klargemacht und sie als objektive Bedingung akzeptiert hatte, wurde das Schreiben zu einer Kur, mit der ich mich von falschen Einstellungen befreite. Nie mehr wollte ich mich abhängig machen von fremden Urteilen, nie mehr würde ich nach Verbündeten Ausschau halten. Alles taktische Denken wollte ich aus meiner Arbeit verbannen. Ich verordnete mir strenge Abstinenz von den Tagungen der Gruppe, inzwischen mit vielen neuen Gründen, die ich bisher verdrängt hatte.

Dieses öffentliche Prüfverfahren, das in knapp drei Tagen eine konzentrierte Auswahl der inzwischen entstandenen Literatur durch seine Filter preßte, erschien mir jetzt in einem befremdlichen Licht. Für die Medien war es wegen seiner unüberbietbaren Informationsdichte und wegen seiner dramatischen Form optimal. Es herrschte ein wahres Börsenfieber, denn der Kurswert eines Autors konnte in einer einzigen Stunde rapide steigen oder fallen. Wo, außer auf der Theaterszene, konnte man etwas Derartiges erleben? Aber das Spektakel stand in einem essentiellen Widerspruch zu den riskanten, irritierbaren, langfristigen Schaffensprozessen der Schriftsteller. Gewiß, die Erfolgschancen waren verführerisch, aber auch in dieser Lokkung steckte etwas Barbarisches. Das war ja, als stelle man im Wald eine Futterkrippe auf, um dann aus kürzester Entfernung und vor geladenen Gästen zum Zwecke der Bestandspflege einige Stücke aus dem versammelten Rudel herauszuschießen. Und obwohl alle eingeladenen Autoren wußten, was sie erwartete, kamen sie doch aus ihren Dickungen hervor und präsentierten sich bei bestem Büchsenlicht den auf sie gerichteten Gewehrläufen, hoffend, daß allenfalls ein paar Streifschüsse sie treffen würden, die bald wieder vernarbten.

Denn wenn man teils gut, teils schlecht davonkam und die Urteile sich die Waage hielten, dann war es ein entschiedener Vorteil, an den Tagungen der Gruppe teilzunehmen. Schon allein die Präsenz machte einen bekannt. Und seit immer mehr Verleger, Lektoren, Redakteure als Gäste an den Tagungen teilnahmen, war die Gruppe auch ein bedeutender Arbeitsmarkt. Hier konnte man sich in anregender Atmosphäre und ohne die Hürden der Vorzimmer mit seinen möglichen Arbeitgebern unterhalten. Auch Verlagsverträge wurden hier angeboten und ausgehandelt. Umgekehrt rieten die Verleger zögernden Autoren, bei der Gruppentagung zu lesen, in der Hoffnung, mit einem günstigen Echo eine kostenlose und unbezahlbare Werbung zu bekommen. Wenn der Autor noch nicht gedruckt war, bedeutete die Tagung immerhin einen Test. Man konnte danach besser einschätzen, wie der Autor ankommen würde und wer zu seiner Fraktion gehörte. Denn obwohl die Kritiker sich später darauf berufen konnten, nur einen Ausschnitt des Werkes kennengelernt zu haben, hatten sie sich bis zu einem gewissen Grade schon festgelegt. Auch die Zeitungen, die über die Lesungen und die Kritik berichteten, ließen schon erkennen, wie die Akzente verteilt waren. So griff alles ineinander und wurde besser kalkulierbar, weil das Unkalkulierbare schon bei der Tagung geschehen war.

Zweifellos bildeten die Gruppe und ihr Umfeld aus Verlagen, Redaktionen und Funkanstalten einen Machtkomplex. Doch es wäre falsch, von Machtmißbrauch und mafiosihafter Manipulation zu reden. Diese Form der Macht konnte mit einer Verschwörungstheorie nicht begriffen werden. Sie funktionierte ohne zentrale Steuerung, als ein lockerer, fast naturwüchsig entstandener Verbund einander ergänzender und sich wechselseitig regulierender Interessen, deren Ereigniszentrum und anschauliche Mitte die Tagung der Gruppe 47 war. Hier traf sich die Produktionssphäre der Literatur mit der Reproduktions- und Verwertungssphäre, doch unter rituellen Bedingungen, die den Vorrang der schriftstellerischen Arbeit vor ihrer kulturindustriellen Verwertung deutlich betonten. Die Autoren und die Kritiker waren die Akteure der Szene, die Verleger, Lektoren, Redakteure und die Vertreter der Massenmedien blieben Zaungäste, ohne ein Mitspracherecht. Sie, die Herren über die Öffentlichkeit und die finanziellen und technischen Realisierungsmittel, nahmen als rituell Entmachtete an dem Spektakel teil. Obwohl viele literarische Verlage und andere Institutionen der Kulturindustrie die Tagungen der Gruppe finanziell unterstützten, versuchten sie keinen unmittelbaren Einfluß zu nehmen. Wenn es darum ging, einem neuen Autor eine Einladung zur Gruppentagung zu verschaffen, mußte die Empfehlung über Gruppenmitglieder laufen, deren Urteil Hans Werner Richter und sein Ältestenrat vertraute. Denn allzu viele Fehlgriffe konnte man sich nicht leisten, wenn die Tagung ihre Reputation behalten sollte. Daran mußten schließlich auch die Verlage interessiert sein, deren Autoren anerkannte Mitglieder der Gruppe waren. Genauso verhielt es sich auch mit der Unabhängigkeit der Kritik. Sicher war mancher Verleger entsetzt, wenn eine seiner literarischen Hoffnungen kritisch demontiert wurde. Doch grundsätzlich konnte es nicht das Interesse der Verleger sein, den Ruf der Gruppe, ein von allen Verwertungsaspekten abgegrenzter Raum der literarischen Wahrheitsfindung zu sein, in Frage zu stellen. Das hätte nicht nur die publizistische Verwertbarkeit der positiven Urteile entschieden geschmälert, sondern auch den beträchtlichen Aufmerksamkeitsgewinn, den das Gruppenspektakel der Literatur überhaupt einbrachte, wieder zunichte gemacht.

Das hört sich nach einem schwierigen, teilweise paradoxen Sachverhalt an, ist aber nur ein einfaches Lehrbeispiel der Soziologie. Der innere Sinn einer Institution ist selten vollkommen identisch mit dem, was sie für ihre Außenwelt bedeutet. Doch wenn die verschiedenen Interessen und Funktionen ineinandergreifen, läßt sich voraussagen, daß die Institution gedeihen wird. Wie jeder lebendige Organismus hatte die Gruppe gleichzeitig zwei Probleme zu lösen: Sie mußte ihre Identität und ihren Zusammenhalt bewahren, und sie mußte sich offenhalten für die Welt um sie herum. Vor allem mußten immer wieder neue, interessante Autoren auf den Tagungen auftauchen. Nur so konnte die Gruppe ihren Ruf wahren, der Sammelplatz der aktuellen Literatur zu sein, ein ausgezeichneter, unersetzbarer Beobachtungsstand für alle, die frühzeitig wissen wollten, was an Beachtenswertem und Neuem im Entstehen war. Als ein Institut der Marktprognose war die Gruppe alternativelos.

Bis zu einem gewissen Grade bestätigte sich ihr Ruf im Sinne einer sich selbst erfüllenden Prophezeiung. Autoren, die bei Gruppenlesungen gut abschnitten, waren gleichsam mit einem Qualitätssiegel versehen und wurden überall beachtet, gefördert und nach oben getragen, für viele Leute ein nachträgliches und nachdrückliches Zeichen, daß die Beurteilung durch die Gruppe richtig gewesen war. Entsprechend funktionierte im Falle des Mißerfolges der umgekehrte Beweis. Ein so folgenreiches Selektionsverfahren mußte natürlich für eine Mehrheit immer noch glaubhaft und zumutbar sein. Kollektive Exekutionskritiken und gemeinschaftliche Lobpreisungen blieben deshalb Grenzfälle. Meist kam es dazu nach längeren Phasen der Unentschiedenheit und Unlust. Die Gruppe schien dann, wie von einer losgetretenen Lawine, von einem Bedürfnis nach emotionaler Einigkeit überrollt zu werden. Sie wurde ein geschlossener Klangkörper und setzte mit Verdammung und Hymnus mächtige Zeichen ihrer Identität. Später konnte es einem so vorkommen, als habe da auch ein Kontrastbedarf mitgespielt. Die dramatischen Szenen von Triumph und Niederlage waren nicht nur die höchsten Erlebniswerte der Tagung, sondern brauchten sich auch gegenseitig zu ihrer Legitimation.

Dazwischen gab es das weite Feld der Einerseits-andererseits-Bewertungen, mit denen man leben konnte. Das stützte die verbreitete optimistische Überzeugung, die

Gruppendiskussion sei ein ziemlich zuverlässiges Verfahren, Einseitigkeiten und grobe Fehler bei der Urteilsbildung zu vermeiden. Verzerrende Faktoren wie kontroverse Interessen, unterschiedlicher Geschmack, persönliche Profilierungsbedürfnisse und Konkurrenzen, der Druck der Situation, insbesondere der Zwang, sich sofort ein Urteil zu bilden, die ungenügende Textkenntnis, die unterschiedlichen Vortragskünste der Autoren und die Ausschnitthaftigkeit der vorgelesenen Texte, das alles schätzte man gering ein. Damit die Diskussion nicht aus den Fugen geriet, was bei einer so ungefügigen Materie wie der Literatur eigentlich zu erwarten war, hatte man sich auf zwei Verbote geeinigt: Die kritisierten Autoren durften weder auf die Kritiker antworten noch überhaupt ihren Text und ihre Intentionen zu erklären versuchen. Und die Kritik durfte sich nicht vom jeweiligen Text lösen und eine ästhetische oder ideologische Grundsatzdiskussion heraufbeschwören. Stabilisierend und beruhigend wirkte auch die Persönlichkeit von Hans Werner Richter, der sich der Diskussion enthielt und jenseits der heftigsten Streitreden ein umfassendes Wohlwollen für alle Teilnehmer repräsentierte, wenn das auch manchmal den Ausdruck von Besorgnis oder stummen Leidens annahm.

Dieses historisch gewachsene Ritual erwies sich als außerordentlich elastisch und tragfähig, änderte aber nichts daran, daß sich der ursprüngliche Sinn der Tagung durch den Wandel der gesellschaftlichen Begleitumstände immer mehr verschob und allmählich auf den Kopf stellte. Das war nicht mehr der kleine Freundeskreis von Schriftstellern, die in einer Kulturwüste ein Gespräch suchten und sich durch Lesung und Kritik ihrer Manuskripte gegenseitig anregten und ermutigten, sondern dies war eine

Showveranstaltung, oszillierend zwischen einer Kollektionspremiere und einem Turnier, ein Konkurrenzkampf vor geladenen, einflußreichen Gästen. Man kam nicht dorthin, um durch freundschaftliche, einfühlsame Kritik in seiner Arbeit gefördert zu werden, sondern um öffentlich präsent zu sein und nach Möglichkeit Erfolg zu haben. Daß es unter den Autoren alte Freundschaften gab und neue entstanden, änderte daran nichts.

Damals, als ich mich innerlich und äußerlich von der Gruppe trennte, mündete das Nachdenken über die Erfahrungen, die ich gemacht hatte, sehr bald in eine umfassendere Reflexion der Entstehung und Beurteilung von Literatur und ihrer Verbreitung. Ich schrieb 1967 einen Aufsatz mit dem Titel »Literatur, Markt, Kulturindustrie«, in dem die Gruppe 47 nur noch als ein Spezialfall der untersuchten Problematik dargestellt wurde. Ich will die entsprechende Stelle hier auszugsweise zitieren, weil sie ein Argument enthält, das ich bisher noch nicht erwähnt habe. Nachdem ich das Verfahren der Gruppentagung beschrieben hatte, hieß es da:

»Dieses Instrument entspricht genau dem Bedürfnis der Kulturindustrie nach Marktvorhersage, also langfristiger Planung und Verkleinerung des Risikos, hier wird schon definiert, was von einem neuen Werk oder Autor zu erwarten ist. Die Autoren aber geraten so bereits während des Schreibprozesses unter gesellschaftliche Kontrolle, und das gilt auch für die Kritiker, die ohne die Chance der zeitlichen Distanzierung unter Situationsdruck arbeiten müssen, in Reaktion auf die anderen Kritiker, sowie auf die Stimmung des Publikums, nicht nur auf den Text.

Unter diesen Umständen kommen am ehesten Arbeiten zum Erfolg, die im Ausschnitt interessant sind, schnell erfaßbare Oberflächenreize haben und sich gut vorlesen lassen: eine Literatur also mit der Tendenz, ihre Machart zu signalisieren. Je spürbarer und folgenreicher dieser Selektionsdruck wird, um so sicherer bewirkt er eine Vorwegsozialisierung des Schreibprozesses. Die besondere gesellschaftliche Situation der Gruppentagung (und der anschließenden informellen Gespräche) wird von den Autoren antizipiert und bildet so ein Element ihrer bewußten oder unbewußten Selbstkontrolle. Konträr dem offiziellen Selbstverständnis der Gruppe, die eine Gelegenheit sein will, bei der das neu Entstandene, frei Gewachsene zum ersten Mal sich zeigt, hat sie auf dieses Wachstum als Instanz schon eingewirkt.

Diese unbeabsichtigten Wirkungen können nicht abgefangen werden, ebensowenig die Einflüsse von Loyalitäten und Konkurrenzen, von heimlichen Mythen und ideologischen Voraussetzungen. Und zwar deshalb nicht, weil sie nicht diskutiert werden, genauer, weil sie, offen ausgesprochen, das Gesprächsspiel sofort sprengen würden; sie sind deshalb mit dem Verbot von Grundsatzdiskussionen als irrelevant verdrängt. Der Zusammenhalt der Gruppe beruht auf der Voraussetzung, es gäbe ein gemeinsames Medium, das alle Gegensätze in sich aufhöbe oder gegenstandslos mache, das sei die Kunst. Mir scheint, daß man gerade diesen Begriff der Ideologiekritik, der Funktionsanalyse unterziehen müßte. Denn er fingiert einen ideologiefreien Raum – ich möchte ihn den ›Markt‹ nennen – und macht aus Kunst eine neutrale und gehobene Warenkategorie.«

Ich halte diese Analyse auch heute, nach über zwanzig Jahren, noch für zutreffend. Aber man muß sie, um Täuschungen zu vermeiden, ergänzen. Durch die Auflösung der Gruppe 47 sind natürlich die Entfremdungsmechanismen des Marktes und der Meinungsbildung nicht beseitigt worden, nur die Illusion eines entfremdungsfreien sozialen Raumes wurde historisch außer Kraft gesetzt. Insofern ist alles klarer geworden, wenn auch die heutigen Selektionsmechanismen nicht mehr die drastische Anschaulichkeit der Gruppentagung haben. Nur kann eben auch keiner mehr sagen, hier handele es sich um einen großen Freundeskreis. Und dann, angesichts der Professionalisierung der Literaturszene, die mit einem trüben Mißmut, einem weitreichenden Auraverlust zusammengeht, kann man auch trauern um die schon sagenhaft werdenden Zeiten, in denen die Tagungen der Gruppe 47 der deutschen Literatur eine Aufmerksamkeit und eine Geltung verschafften, die sie so bald nicht mehr erringen wird.

Die Bücher der frühen Jahre

1987

Die Abwandlung des bekannten Bölltitels »Das Brot der frühen Jahre« für einen kleinen Aufsatz über die Lektüre meiner Kindheits- und Jugendjahre erscheint mir deshalb passend, weil ich damals Bücher verschlungen und mir einverleibt habe wie eine lebenswichtige Nahrung. Überall, wo ich hinkam, zur Großmutter, zu den Tanten, in die Wohnungen meiner Freunde, zu fremden Leuten, schaute ich mich zuerst nach Büchern um. Ich las alles, was ich bekommen konnte und was man mir überließ, auch Lexika und illustrierte Zeitschriften, oder Bücher, die nur für Erwachsene bestimmt waren, auch wenn ich kaum etwas von ihnen verstand. Selbst durch schwerverständliche, mit Fremdwörtern durchsetzte Texte schien sich ein Geheimnis mitzuteilen. Alle sagten sie: Die Welt ist viel größer und phantastischer, als du ahnst.

Ich sagte, daß ich alles las, was ich bekommen konnte. Aber es gab bei weitem nicht alles. Ich wuchs in den dreißiger Jahren in einer ländlichen Kleinstadt mit 6000 Einwohnern auf, und die einzige größere Bibliothek war die katholische Pfarrbücherei, die vom Borromäusverein bestückt wurde. Dort hörte ich zum ersten Mal, daß es einen Index verbotener Bücher gab. Ich als Evangelischer konnte ohnehin nur über katholische Freunde an Bücher aus dieser Bibliothek kommen. In den beiden Schreibwarenhandlungen des Ortes wurden nebenbei einige gängige Bücher verkauft. Die Lesehungrigen gingen fast alle in die Leihbücherei, deren Regale voller bunt eingebundener, schmuddeliger Romane standen.

Die Grenzen der geistigen Welt waren also eng gezogen und wurden bald noch enger durch die nationalsozialistischen Literaturverbote und die Bücherverbrennung. Doch ich hatte keine Vorstellung von dieser Begrenzung und von dem, was außerhalb der Grenzen zu finden war. Ohnehin war alles noch unbekannt für mich, auch die Bücher im Bücherschrank meiner Eltern, zum Beispiel zwölf damals neue Bände von Meyers Lexikon, die ich heute noch benutze. Das Lexikon gab mir eine erste Vorstellung von der unüberschaubaren Vielfalt der Welt. Ich stöberte häufig darin herum, geriet von einem Artikel zum anderen, betrachtete die Abbildungen und Karten und fühlte mich geheimnisvoll angesprochen von den Worten, die in Golddruck den Inhalt der einzelnen Bände benannten: »A bis Bechstein, Bechtel bis Conthey, Conti bis Engmäuler, Engobe bis Germanität« und so weiter bis zu dem letzten, besonders dicken Band, den mein Vater feierlich vor meinen Augen ausgepackt hatte, als er 1930 mit der Post gekommen war. Er hieß »Traunsee bis Zz«. Für mich klang diese ganze Wortkette wie ein Zauberspruch. Wer das alles wußte, der war fast allwissend, wie mir schien. Aber es war nicht ungefährlich, im Lexikon zu lesen. Man konnte darin verlorengehen wie in einem großen Wald. Ja, es war wie ein Laster, man las und las und wurde allmählich ganz wirr davon, weil man das meiste nicht verstand.

Ich war der eifrigste Benutzer des Lexikons in der Familie. Mein Vater las die Zeitung und ein wenig Fachliteratur, meine Mutter war eine süchtige Konsumentin von Romanen. Sie bezog sie aus der Leihbücherei, in die sie mich oft mit dem Auftrag schickte, »etwas Schönes und Leichtes« für sie zu verlangen. Seit mein Vater mit Kriegsbeginn das Haus verlassen hatte, war sie oft krank und deprimiert und suchte in den Büchern Ablenkung und Trost. Die von Eselsohren gezeichneten Romane der Leihbücherei sahen alle ein wenig nach verwahrlosten Seelen aus.

In unserem Bücherschrank standen als Zeugen einer besseren Lesevergangenheit die Halblederbände der Deutschen Buchgemeinschaft, die sich neben den zerlesenen Schmökern der Leihbücherei sehr edel ausnahmen und die Literatur repräsentierten: Romane von Thomas Mann, Frank Thies, Otto Flake, Manfred Hausmann, Max Dauthendey, Ernst Wiechert und Ina Seidel waren darunter, auch viele skandinavische Autoren wie Selma Lagerlöf, Sigrid Undset, Gulbransson und Hamsun. Als ein gutes, erbauliches Buch galt ein Roman mit dem Titel »Heideschulmeister Uwe Karsten«, während Manfred Hausmanns »Lampiongeschichten« als ziemlich leichtfertig bezeichnet wurden. Ein Buch von Ernst Bloem lockte mich mit dem Titel »Der krasse Fuchs«. Es war aber kein Tierbuch, wie ich feststellte, sondern handelte von Bier trinkenden und fechtenden Studenten. Auch Dostojewskis »Schuld und Sühne« und Flauberts »Madame Bovary« standen im Bücherschrank, daneben ein Buch mit dem Titel »Die Heilige und ihr Narr«, der mir genauso bedeutungsvoll wie »Schuld und Sühne« klang. Als weniger seriös galten die gelben Ullstein-Romane. Ich las auch darin, weil ich witterte, daß sie vielleicht Verbotenes enthielten. Doch ich konnte nichts entdecken, was meine undeutlichen, aber maßlosen Erwartungen befriedigt hätte. Ich habe viel Schund gelesen, viel Unverständliches. Aber ich glaube, daß ich aus jedem Buch etwas für mich gewonnen habe. Man muß nur weiterlesen, uferlos in alle Richtungen. Das Durcheinander einer Zufallslektüre kann die Neugier gewaltig anfachen. Man tappt ja dauernd im

Halbdunkel herum und bleibt darauf angewiesen, mehr zu erfahren, mehr als die Eltern und Lehrer einem sagen, mehr als die Schulkameraden wissen, mehr, mehr von dem großen Geheimnis des Lebens, von dem die Bücher erzählen.

Neben dem Durcheinander dieses versuchsweisen und stöbernden Lesens hat es auch ein kontinuierlich fortschreitendes Lesen gegeben, das meiner eigenen Entwicklung entsprach. Ich begann mit den Märchenbüchern der Gebrüder Grimm, Hauffs und Andersens, die ich geschenkt bekam. Ohne einen Einspruch meines Verstandes las ich von Hexen und Zauberern, Riesen und Zwergen, von Tieren, die mit Menschenstimmen sprachen und oft auch verzauberte Menschen waren, ich las von tiefen Wäldern und von Bergen, in deren Inneren sich gläserne Säle auftaten, und von anderen Welten, in die man hineingelangte, wenn man sich in einen Brunnen stürzte. Es gab das abgrundtief Böse und Gefährliche, aber auch die guten Kräfte, die helfenden Geister. Es gab Schuld und Unschuld, Unglück und Glück, das Abenteuer, die Geduld und den Mut und die herrliche Belohnung am Ende. Ich erfuhr, daß das Leben nicht harmlos war, aber daß man es bestehen konnte und die richtigen Wünsche in Erfüllung gingen. Die Märchen waren mir zum Teil schon vorgelesen worden. Ich las sie dann noch einmal selber. Vor allem die Lieblingsmärchen »Von einem, der auszog, das Gruseln zu lernen« oder »Sechse kommen durch die ganze Welt« und »Rumpelstilzchen«, »Frau Holle«, die Rübezahlgeschichten, »Zwerg Nase« und »Sindbad der Seefahrer«. »Rotkäppchen und der Wolf« löste allerdings meinen Protest aus. Ich fand es entwürdigend für einen Wolf, sich wie eine Großmutter zu maskieren und eine Nachthaube und eine Brille aufzusetzen. Was für eine blöde List war das! Er hätte Rotkäppchen doch gleich fressen können. Wieso machte eines dieser typischen kleinen, wohlerzogenen Mädchen einem Wolf Schwierigkeiten? Ich hatte Wölfe im Zoo gesehen. Es waren wunderbare Tiere. Sie liefen so weich und federnd, waren scheu und aufmerksam. Ich hätte dem Wolf einen besseren Erfolg gewünscht. Wegen der Tölpelhaftigkeit der Tiere mochte ich auch die meisten Fabeln nicht. Wolf und Bär kamen immer schlecht weg, und der Fuchs wurde als ein betrügerischer Schlauberger dargestellt, auch eine üble Denunziation eines schönen Tieres. Von mir aus konnte der Fuchs ruhig einmal eine Gans erwischen. Ich wünschte ihm viel Glück. Die Haustiere waren in meiner Phantasie Tiere eines niedrigeren Ranges als Wildtiere, Pferd und Hund ausgenommen, weil sie Begleiter des Menschen bei abenteuerlichen Unternehmungen waren.

Ich erinnere mich an ein Tierbuch mit dem Titel »König Simba«, das mich tief beeindruckt hat. Es erzählte die Geschichte eines Löwenjungen, dessen Eltern und Geschwister von Jägern erschossen wurden und das sich allein durch alle Gefahren der afrikanischen Savanne durchschlug, bis es schließlich selbst ein großer Löwe war, eine Löwin als Gefährtin gewann und mit ihr an den Ausgangspunkt der Geschichte zurückkehrte. Dieses Buch war mein Entwicklungsroman. Es lieferte mir eine ideale Lebensgeschichte. Die Botschaft der Märchen, daß man alle Gefahren bestehen konnte, um am Ende erwachsen und glücklich zu werden, wurde durch diese Tiergeschichte wiederholt, jetzt aber im realen Szenarium der afrikanischen Savanne, nicht in einem phantastischen Märchenland. Andererseits war diese Tiergeschichte weit genug vom eigenen Leben entfernt, um nicht zu bedrohlich zu sein.

Denn sie führte einem ja etwas Schreckliches vor. Die Eltern konnten sterben. Eines Tages würde das geschehen. Dann mußte man allein mit den Gefahren des Lebens fertig werden, mußte mutig und geschickt sein wie dieser kleine Löwe. Ich bangte mit ihm, ich bewunderte ihn. Aber vor allem faszinierte mich, wie er allmählich größer und stärker wurde und aus jedem Abenteuer erfahrener hervorging. So zusammengedrängt und anschaulich durch Episoden belegt, hatte ich das noch nie gesehen. Denn die Zeit, in der ich lebte, verging viel langsamer, und der Abstand zwischen mir und den Erwachsenen schien kaum geringer zu werden. Fast konnte man glauben, man würde immer ein Kind bleiben. Die Geschichte von Simba dem kleinen Löwen, der am Ende ein großer, mächtiger Löwe geworden war, bewies mir mit der Überzeugungskraft des Zeitraffers, daß ich mich auf das Erwachsenwerden verlassen konnte.

Es ist nicht ganz einfach, sich zurückzuversetzen in einen Zustand, in dem die Imagination das ganze Leben durchmischte. Beim Lesen, Spielen, Träumen wurden die Grenzen immer wieder durchlässig. Einerseits war man ein kleiner Junge, der zur Schule ging, mittags mit den Eltern bei Tisch saß und nachmittags seine Hausaufgaben machte, aber auf einer anderen Ebene war man auch ein Held oder ein wildes Tier und nahm an einem großartigen Leben teil. Das half einem, nicht entmutigt zu werden und Kränkungen und Einschränkungen unbeschadet zu überstehen. Ich war kein Raufbold, weil meine Mutter zu ängstlich über mich wachte und ich von meinem Vater auch nicht gerade zu körperlichen Abenteuern angeregt wurde.

Um so mehr spürte ich, daß ich das brauchte. So wurde ich ein leidenschaftlicher Leser der germanischen Heldensagen. Die Monotonie der klirrenden Schwerterkämpfe langweilte mich überhaupt nicht. Sobald ein neuer Recke auftauchte, wollte ich wissen, welchen Rang er einnahm, und das konnte nur durch einen neuen Kampf entschieden werden. Vor allem die Sagen um Dietrich von Bern lasen sich streckenweise wie Berichte von einem Catcherwettbewerb, bei dem berüchtigte Schlagetots wie Wittich der Schmied und Ecke der Riese aufeinandertrafen. Jahrzehnte später, bei einem Besuch in einem Catcherzelt, mußte ich daran denken: Da gab es das gleiche Prahlen und Drohen vor dem Kampf und die gleichen üblen Tricks, nur daß im Catcherring alles Parodie war. Mit dem Nibelungenlied hatte ich allerdings Schwierigkeiten. Seine tragischen Widersprüche beeinträchtigten mein Identifikationsbedürfnis. Siegfried, der strahlende Held, wurde meuchlings ermordet. König Gunther war ein Schwächling, Hagen ein Mörder im Dienst der eifersüchtigen Kriemhild, die später ihr eigenes Volk in die Falle lockte und von den Hunnen niedermetzeln ließ: So viel Falschheit, Gemeinheit und Gefühlsverwirrung waren noch zu viel für mich.

Ein Buch lesen – das war eine heftige Verzauberung. Ich konnte ganz darin versinken, selbst wenn um mich herum gesprochen wurde. Fast geschah dasselbe wie in manchen Märchen. Man ging durch einen Spiegel, ein Loch in einer Mauer, man öffnete eine Tür und war in einer anderen Welt. Nie war dann vorauszusehen, was passieren würde. An jeder Wegbiegung konnte Gefahr drohen, ein neues Abenteuer beginnen. Doch im Notfall konnte man den Blick von den Seiten heben, sah sich in seinem Zimmer sitzen und war in Sicherheit.

Nie ganz. Die Gespenstergeschichten, die ich später las, zum Beispiel E. T. A. Hoffmanns »Majorat«, ließen mir auch meine vertraute Umgebung unheimlich werden. Ich fürchtete mich manchmal davor, den Lichtschein der Lampe zu verlassen oder gar in den Keller zu gehen. Trotzdem schien es nicht möglich zu sein, das Gelesene einfach auf das alltägliche Leben zu übertragen. Es war vielmehr ein Geheimwissen, das man in sich barg und mit dem man die Welt, in der die Erwachsenen in der Übermacht waren, für einige Zeit beiseite schieben und phantastisch überbieten konnte.

Es war ein wichtiger Erfahrungsschritt für mich, als ich mit zehn Jahren Indianerbücher zu lesen begann, zuerst die Romane von Karl May, dann auch Cooper und Steuben. Doch gewann ich zu Tecumseh und zu Lederstrumpf und Wildtöter nie die gleiche brüderliche Beziehung wie zu Old Shatterhand und Winnetou. Im Gegensatz zu den Heldensagen, die in einer grauen Vorzeit spielten, waren die Geschichten von Old Shatterhand und Winnetou, als ich sie Mitte der dreißiger Jahre las, noch keine ganz ferne Vergangenheit. Dies alles hatte sich vor ungefähr fünfzig Jahren zugetragen, war aber nun unwiederbringlich vorbei. Das kam mir vor, als sei ich um etwas Wesentliches betrogen worden. Ich konnte das alles nicht mehr erleben. Ich kam zu spät, ich hatte es verpaßt. Bei den Heldensagen hatte ich diesen Schmerz des Zu-spät-Geborenen nicht empfunden. Jetzt hingegen phantasierte ich manchmal davon, die Indianer würden eines Tages wieder aus ihren Reservaten hervorbrechen und ihr Land zurückerobern und die Bisons würden sich wieder vermehren und wie früher in millionenköpfigen Herden die Prärie bevölkern. Ich wußte, es war nur ein Traum.

Nicht nur aus Rechtsempfinden war ich grundsätzlich auf seiten der Indianer und gegen die weißen Eindringlinge, sondern vor allem deshalb, weil es sich nach meiner Vorstellung um einen Kampf zwischen Poesie und Banalität handelte. Ich hätte es nicht auf diese Begriffe bringen können, aber ich erlebte es so. Ich konnte es nicht ertragen, daß die Banalität das stärkere, das siegreiche Prinzip war und die wilde Prärie in Viehweiden und Farmland verwandelt wurde. Kühe statt Bisons – was für ein Niedergang. Bis zum Abscheu erregte mich der erste Indianerfilm, den ich sah. Halbnackte, mit Federn geschmückte Indianer ritten todesmutig gegen eine Wagenburg an und wurden von den weißen Siedlern reihenweise aus den Sätteln geschossen. Das alles war ein solcher Skandal für mich, daß ich mich eines Nachmittags hinsetzte und selbst eine Indianergeschichte schrieb. Ihr Höhepunkt war die Rede eines Häuptlings, der alle untereinander verfeindeten Indianerstämme aufforderte, sich gegen die Weißen zu verbünden und sie aus dem Land zu treiben. Die Indianerbücher waren für mich ein Phantasieraum, in dem ich zum ersten Mal eine grundsätzliche kritische Distanz zu der mich umgebenden Welt gewinnen konnte. Zugleich machte ich die Erfahrung, daß es jenseits der Geschichten eine umfassendere Dimension, die Geschichte, gab.

Ich begann mich für Geschichte zu interessieren, im Zusammenhang mit der Geographie. Man konnte die Besiedlung Nordamerikas im Geschichtsatlas verfolgen. Ebenso die Ausdehnung des mittelalterlichen Deutschen Reiches nach Osten oder des Römischen Reiches rings um das Mittelmeer oder die Kolonisation Afrikas, die Entwicklung des Britischen Empires, die Völkerwanderung, die Alexanderzüge. Ich studierte die Ausdehnung und den Zerfall der Machtbereiche im Geschichtsatlas und dachte, einmal müsse dieses Hin und Her in einer ewigen Ordnung zur Ruhe kommen, denn daß nichts bleiben kann, wie es ist, ist kaum leichter zu begreifen als die Tatsache, daß man sterben muß. Kinder zumal leben in einer rhythmischen Dauer und nicht in einer geschichtlichen Zeit mit unabsehbaren Veränderungen.

Jetzt indessen begann ich Bücher zu lesen, die von der Entdeckung, Eroberung und Umgestaltung der Erde durch die europäischen Völker handelten, vom Heldenepos der Neuzeit und der Moderne, deren Akteure Entdeckungsreisende, Wissenschaftler, Unternehmer und Feldherren waren. Noch war die Faszination durch Abenteuer der Motor des Interesses an fernen Ländern und vergangenen Ereignissen, aber immer mehr interessierte ich mich auch für Fakten. Vorübergehend konnte ich mich in einen Spezialisten für irgendein Sonderwissen verwandeln, zum Beispiel, als mir ein zweibändiges Werk über die Kaiserliche Kriegsmarine in die Hände kam und ich mir alles einzuprägen versuchte, was darin über Tonnage, Panzerung, Bewaffnung und Fahrtgeschwindigkeit der verschiedenen Schiffe und Schiffstypen zu lesen war. Zwei populäre wissenschaftsgeschichtliche Bücher von Schenzinger mit den Titeln »Anilin« und »Metall« brachten mich dazu, mein Zimmer in ein Labor zu verwandeln und nicht nur davon zu träumen, Forscher zu werden, sondern mich auch in der Schule für den naturwissenschaftlichen Zweig zu entscheiden. Natürlich las ich auch andere Bücher, mit denen ich mich intimer identifizieren konnte. Tom Sawyer und Huckleberry Finn waren eine Zeitlang meine imaginären Freunde. Dagegen mochte ich

den Don Quijote überhaupt nicht. Dieser selbsternannte Ritter erschien mir so blöde und redete so geschwollen, daß ich das Buch bloß ärgerlich fand.
Mein Lieblingsbuch war Defoes »Robinson Crusoe«. Die Geschichte dieses Schiffbrüchigen, der auf einer einsamen Insel mit den primitivsten Mitteln zu überleben versucht, wiederholte wohl auf höherer Ebene die Erfahrung, die ich mit Simba dem Löwen gemacht hatte. Jetzt jedoch zeigte sich der menschliche Erfindungsgeist als die überlegene, lebensentscheidende Fähigkeit. Vor allem die Anfänge der Geschichte faszinierten mich. Ich fragte mich, ob es mir auch gelingen würde, eine solche Situation zu meistern. Vermutlich nicht, dachte ich. Allerdings fühlte ich mich jetzt, da ich das Buch gelesen hatte, doch schon besser gerüstet. Es war ein Buch, das einem zeigte, wozu Menschen fähig waren, und wenn es nötig war, wollte ich daran denken.

Ich weiß nicht mehr genau, in welchem Alter ich den Robinson gelesen habe und wann die unheimlichen Geschichten von Edgar Allan Poe und die Sherlok-Holmes-Romane von Conan Doyle und ein Bergsteigerbuch von Luis Trenker (nachdem ich ihn im Film gesehen hatte) und ein Buch des Berliner Zoodirektors Heck über seinen Versuch, den Auerochsen aus spanischen Rindern zurückzuzüchten. Und ich weiß nicht, wie sich das alles mischte mit meinen heimlichen Streifzügen durch die Romane der Erwachsenen. Ich weiß nur, daß die Bücher mein Leben weit überboten und die Kluft zwischen dem Gelesenen und der alltäglichen Wirklichkeit sich nicht mehr so mühelos in Tagträumen und Spielen überbrükken ließ.

Dann allerdings geschah etwas, das diese Kluft plötzlich schloß. Es gab Krieg. Und das war ein Geschehen in der Wirklichkeit, nicht unernster und harmloser als das, was die Kriegsbücher schilderten, die ich jetzt reihenweise las. Ich hoffte, der Krieg würde so lange dauern, daß ich auch Soldat werden konnte. Denn Erwachsenwerden, so begriff ich das jetzt, bedeutete, daß man den Schritt von den Büchern in das Leben tat. Auf unerwartete Weise war das nun möglich geworden.

In einer anderen, verwirrenden Erfahrung ließen mich die Bücher allerdings im Stich. Sie sagten mir nichts über die Sexualität. Alle Bücher, die ich befragte, schwiegen sich darüber aus oder redeten daran vorbei. Es gab Liebesromane und Biologiebücher, doch sie hatten wenig mit den Erregungen und Empfindungen zu tun, die mich überschwemmten. So blieb dieser ganze Lebensbereich derben Witzen und verlogenen Phrasen überlassen. Das lieferte mich erst recht meinen Phantasien aus. Auf den Heldentod konnte man sich in den Büchern ausführlich vorbereiten, nicht aber auf das, was geschehen würde, wenn man mit einer Frau im Bett lag. Es schien unheimlich und unaussprechlich zu sein. Ich las also wieder Kriegsbücher, in denen ich mich eher zu Hause fühlte, und wehrte damit meine Ängste ab.

Die Pubertät wurde eine schwere Krise für mich. Nichts half mir, diese Umwälzung meiner Empfindungen zu verarbeiten. Grippe und Angina packten mich und vernebelten meinen Kopf. Einige Wochen war ich sterbenskrank. Ich war fünfzehn Jahre alt. Der Krieg war in vollem Gange, ein Ende, trotz des Sieges über Frankreich, nicht in Sicht. Mich berührte das alles nicht. Ich lebte in einem Hohlraum, betäubt von Fieber und Schmerzen. Plötzliches lebensgefährliches Nasenbluten in der Nacht konnte nur mühsam durch die herbeigerufenen Ärzte gestoppt werden. Ich sah die Panik meiner Mutter und glaubte, daß ich sterben müsse. Das Erstaunen darüber war größer als der Schrecken.

Sobald es mir etwas besser ging, bat ich meine Mutter, mir etwas zu lesen zu geben. Ich durfte es eigentlich nicht, sollte mich nicht anstrengen und mußte meistens bald wieder aufgeben. Doch ein paar Seiten zu lesen, das bedeutete, am anderen Ufer gewesen zu sein, wo das Leben sich abspielte, auch wenn es nur eine Fata Morgana war. In den langen Genesungswochen und in den Monaten danach las ich nacheinander fast alle Dramen Schillers und Goethes, viele Shakespearedramen und einige Stücke von Kleist. Das hatte schon vor der Krankheit mit Schillers »Räubern« angefangen. Die Rhetorik dieses Stückes und die moritatenhafte Dramatik seiner Handlung und vor allem die rebellische Energie, die ich darin spürte, hatten mich buchstäblich vom Stuhl gerissen. Deklamierend war ich in meinem Zimmer herumgegangen und hatte mich dem jugendlichen Dichter innerlich verwandt gefühlt. Aber nun wurde »Götz von Berlichingen« mein Lieblingsstück. Die Menschen erschienen mir wirklicher, die Szenen natürlicher, und ich verstand nicht, warum ein Dichter, der so lebendig schreiben konnte, später so langweilige Stücke wie »Iphigenie« und »Tasso« verfaßt hatte. Als ich dann Shakespeare las, kam mir Goethes Klassik besonders fade vor. Für mich gab es nichts Gewaltigeres als »Macbeth«, »King Lear«, »Richard der Dritte« und »Julius Caesar«. So grausam und tödlich, wie es in diesen Dramen zuging, hatte ich das Leben bisher nicht gesehen. Aber es ängstigte mich nicht. Ich verlangte danach, eingeweiht zu werden in seinen tragischen Ernst. Und Shakespeare war der große Lebensmeister, der die Träume und Leidenschaften der Menschen kannte und hinter ihre Masken blickte. Die aufwieglerische Rede des Brutus und Hamlets grüblerischer Monolog und der verzweifelte Ruf des von Feinden umringten Königs Richard »Ein Pferd, ein Pferd, ein Königreich für ein Pferd!« waren für mich die wahre Sprache des Lebens, denn sie stammte aus den Leidenschaften und Getriebenheiten jenseits der Moral. Ich hätte das damals zwar nicht sagen können, aber das war es, was ich empfand.

Parallel zu meiner Dramenlektüre hatte ich selbst Theaterstücke zu schreiben begonnen. Eins mit dem Titel »Hunnensturm« war angeregt worden durch ein literarisches Preisausschreiben zum Thema »Deutsches Grenzland« und natürlich auch durch den immer bedrohlicher werdenden Krieg gegen die Sowjetunion. Ich wählte den Sieg der Deutschen Ritter über die Hunnen in der Schlacht bei Liegnitz als dramatischen Stoff, wohl um der Wirklichkeit ein bannendes Bild entgegenzusetzen. Den Preis habe ich nicht bekommen. Das zweite Stück hieß »Ulrich von Hutten«. Ich weiß nur noch, daß es in Blankversen geschrieben war und ein Fragment geblieben ist. Unklar merkte ich damals mit sechzehn Jahren, daß ich die Wirklichkeit mit meinen ehrgeizigen Schreibversuchen nicht erreichen konnte, und je näher der Krieg auf mich zukam, um so weniger las ich auch. Das letzte waren mehrere Bände von »Casanovas Memoiren«, in die ich mich verlor, weil ich mir mit irgend etwas die letzten Tage des Wartens vertreiben wollte, bevor ich im Herbst 1943 Soldat wurde.

Während der folgenden zwei Jahre bis zu meiner Entlassung aus der Gefangenschaft habe ich nicht mehr gelesen.

Oder wenn ich es getan habe, ist nichts davon in meinem Gedächtnis haften geblieben. Sprachlos und halb betäubt war ich dem katastrophalen Geschehen der letzten beiden Kriegsjahre ausgeliefert. Es kann nicht nur die tägliche Anstrengung des Überlebenwollens gewesen sein, die mich vom Lesen abgehalten hat, denn selbst aus dem Winter 1944/45, den ich verwundet im Lazarett verbrachte, habe ich kein Buch in Erinnerung. Wozu lesen, wenn es keine Zukunft mehr gab? Ich fühlte mich hineingerissen in einen Weltuntergang, der alles vernichtete, auch alles, was ich gelesen hatte. Ähnlich wie die schwere Krankheit meiner Pubertätszeit wurde der Krieg ein tiefer und grundlegender Einschnitt in meiner Lebensgeschichte. Da ich keine Zukunft mehr hatte, auf die sich meine Träume, meine Phantasien richten konnten, verblaßte auch die Vergangenheit und wurde bedeutungslos. Als ich nach dem Kriegsende allmählich begriff, daß das Leben weiterging, fing ich auch wieder an zu lesen. Neue Autoren, neue Bücher, neue Wirklichkeiten, Phantasien und Gedankenwelten tauchten auf, vorgeahnt zum Teil schon in den Büchern, die ich als Kind und Jugendlicher gelesen hatte, doch nun greifbarer, naher mit eigener Erfahrung verbunden und weiter verzweigt. Zwischen Identifikation und kritischer Distanz begann ein neues Verstehen. Das Leben und die Bücher gingen neue Verbindungen ein.

Veröffentlichungsnachweis

Schreiben in einer vom Zufall durchmischten Welt. Rede zur Verleihung des Heinrich-Böll-Preises der Stadt Köln, gehalten am 2. 12. 1988. In: *Juni*, Magazin für Kultur & Politik 3, 1 (1989), S. 9-13.

Double, Alter ego und Schatten-Ich. Schreiben und Lesen als mimetische Kur. Vortrag, gehalten beim Forum Stadtpark in Graz am 15. 3. 1991. *Essay* 3 (Graz: Droschl, 1991). Auch in: *manuskripte*, Zeitschrift für Literatur 31, 113 (1991), S. 3-11.

Das Geschichtliche und das Private. Aspekte einer Entzweiung. Vortrag, gehalten bei der Jahresfeier der Akademie der Wissenschaften und der Literatur Mainz am 8. 11. 1985. Akademie der Wissenschaften und der Literatur Mainz, Abhandlungen der Klasse der Literatur, Jhg. 1986, Nr. 1 (Wiesbaden, Stuttgart: Steiner, 1986).

Ein unbestimmtes Etwas im Dunkeln. Wie Spannung entsteht und was sie bedeutet. Vortrag für die Internationale Konferenz der Hörspieldramaturgen in Florenz, November 1989. In: *Juni*, Magazin für Kultur & Politik 6,1 (1992). Die Vortragsfassung schloß mit einem Anhang über Hörspieldramaturgie, der für den speziellen Anlaß konzipiert war und hier nicht wieder abgedruckt wurde. Statt dessen wurde der Schluß des allgemeinen Teils geringfügig überarbeitet.

Frauenfeind und Dr. Krebs. Probleme der Namengebung in literarischen Texten. In: *Merkur* 45, 12 (1991), S. 1113-1124.

Der Widerstand gegen das Schreiben. In: *Es muß sein.* Autoren schreiben über das Schreiben (Köln: Kiepenheuer & Witsch, 1989), S. 228-243. Geringfügig überarbeitete Fassung.

Der Treibsand der Gefühle und die Freiheit, glücklich zu sein. In: *Akzente* 34, 2 (1987), S. 184-191. Auch in: *Flüchtige Bekanntschaften* (Köln: Prometh, 1987), S. 179-184.

Die Antwort der Leidenschaft. Die Ideologie der Beziehungskrisen. Zu Peter von Matt, *Liebesverrat.* Die Treulosen in der Literatur. In: *Die Zeit* 44 (8. 12. 1989), S. 4-5 L.

Im Privaten zeigt sich der Weltzustand. Zu Rudolf Borchardts Novelle »Der unwürdige Liebhaber«. In: *Frankfurter Allgemeine Zeitung,* Nr. 12 (15. 1. 1981), S. 19. Wieder in: Marcel Reich-Ranicki, Hrsg., *Romane von gestern – heute gelesen,* Bd. 2 (Frankfurt/M.: S. Fischer, 1989), S. 159-167.

Nähe des Unheimlichen. Zu Friedrich Hebbels Gedicht »Dämmerempfindung«. In: *Frankfurter Allgemeine Zeitung* (13. 9. 1986). Wieder in: Marcel Reich-Ranicki, Hrsg., *Frankfurter Anthologie,* Bd. 11 (Frankfurt/M.: Insel, 1988), S. 127-130.

Persiflage und Groteske. Zu den Galgenliedern von Christian Morgenstern. In: Walter Kempowski, Hrsg., *Ein Knie geht einsam durch die Welt.* Mein liebstes Morgensterngedicht (München, Zürich: Piper, 1989), S. 127-132.

Ein Riß durch die Worte. Zu Zbigniew Herberts Gedicht »Episode«. Geschrieben 1992, unveröffentlicht.

An den Rändern der Bedeutung. Zu den Fotografien von Jörg Krichbaum. In: *Jörg Krichbaum, Aussichten/Photographien von 1962 bis 1988* (Katalog). Wilhelm-Hack-Museum Ludwigshafen (1988), S. 5-9.

Ein sozialer Raum ohne Entfremdung? Rückblick auf die Gruppe 47. In: *Sprache im technischen Zeitalter*, 26, 106 (1988), S. 122-128.

Die Bücher der frühen Jahre. In: Guido Kohlbecher, Hrsg., *10 Jahre Wiedtal-Gymnasium Neustadt/Wied 1976-1986*. Festschrift Bd. II. Umfrage: Was sollen Schüler lesen? – Schriftsteller antworten. (Neustadt/Wied: Wiedtal-Gymnasium, 1986) S. 84-96. Wieder in: *Leselieben*. Leser empfehlen ihre Lieblingsbücher. Hrsg. von der Deutschen Lesegesellschaft, Nr. 50 (1987), S. 63-76.

Über den Autor

Bio-bibliographische Notiz

Dieter Wellershoff, geboren 1925 in Neuss, lebt in Köln. Er veröffentlichte u. a. folgende Bücher.

Gottfried Benn, Phänotyp dieser Stunde (1958, 1986)
Der Gleichgültige. Versuche über Hemingway, Camus, Benn und Beckett (1963, 1975)
Ein schöner Tag. Roman (1966)
Die Schattengrenze. Roman (1969)
Literatur und Veränderung. Essays (1969)
Das Schreien der Katze im Sack. Hörspiele (1970)
Einladung an alle. Roman (1972)
Literatur und Lustprinzip. Essays (1973)
Doppelt belichtetes Seestück und andere Texte (1974)
Die Auflösung des Kunstbegriffs. Essays (1976)
Die Schönheit des Schimpansen. Roman (1977)
Glücksucher. Vier Drehbücher und begleitende Texte (1979)
Die Wahrheit der Literatur. Sieben Gespräche (1980)
Das Verschwinden im Bild. Essays (1980)
Die Sirene. Novelle (1980)
Der Sieger nimmt alles. Roman (1983)
Die Arbeit des Lebens. Autobiographische Texte (1985)
Die Körper und die Träume. Erzählungen (1986)
Flüchtige Bekanntschaften. Drei Drehbücher und begleitende Texte (1987)
Der Roman und die Erfahrbarkeit der Welt (1988)
Pan und die Engel. Ansichten von Köln (1990)
Blick auf einen fernen Berg (1991)
Im Lande des Alligators, Floridanische Notizen. Ein Reisebericht (1992)

Dieter Wellershoff
Blick auf einen fernen Berg

»... eine sehr persönliche und zugleich exemplarische Annäherung an das furchtbare Geheimnis des Todes und ein Eingeständnis, immer wieder der verführerischen Hoffnung des Lebenstraums zu erliegen.«

Paul Kersten, Die Zeit

»Die Lektüre dieses Buches war eine große Erfahrung meines inneren Lebens, Erfahrung als ein Erkennen und Erkennen als ein Erlebnis.«

Christian Linder, Süddeutsche Zeitung

»... das neue Buch von Dieter Wellershoff, sprachsicher, ehrlich, meisterhaft in der Schilderung innerer subtiler Vorgänge ...« *Anton Krättli, Neue Zürcher Zeitung*

»... die Größe und eben auch die literarische Qualität des Buches besteht darin, daß sich der Leser hier nicht wie ein Voyeur fühlen muß, der einem fremden Privatschicksal zusieht, sondern daß er schon bald zu spüren meint, daß es hier um seine eigene Sache geht.«

Jürgen P. Wallmann, Der Tagesspiegel

»Wer sich auf diese Lektüre eingelassen hat, wird von dem *Blick auf einen fernen Berg*, der auch den Tod umfaßt und symbolisiert, nicht loskommen.«

Peter Jokostra, Rheinische Post

KIEPENHEUER & WITSCH

Dieter Wellershoff
Die Arbeit des Lebens

»Dieter Wellershoffs autobiographischer Prosaband *Die Arbeit des Lebens* führt hin auf Voraussetzungen und Bedingungen seines Realismus, seiner bewußt realistischen Schreibweise: In ihr wird, ebenso neugierig wie offen für anderes, Wirklichkeit entdeckt, werden Menschen in ihrer Einzigartigkeit aufgesucht.«

Stephan Reinhardt, Süddeutsche Zeitung

Der Sieger nimmt alles

Roman

In der Geschichte des Unternehmers Ulrich Vogtmann und seiner Familie entfaltet sich die Entwicklung der letzten zwanzig Jahre bis hin zur Krisensituation der 70er Jahre, in der sich der Tanz ums Goldene Kalb als Totentanz offenbart.

»Wellershoff hat den Roman über unsere letzten 20 Jahre geschrieben. Er ist von zentraler Bedeutung für unsere Gesellschaft und wird lange nachwirken.«

Peter Jokostra, Rheinische Post

»Es gibt in diesem Roman szenische und literarische Kabinettstücke, und es gibt überraschende sprachliche Details. Doch dabei geht es nicht um Brillanz, sondern um Genauigkeit, um gedankliche Vertiefungen und Durchbrüche.« *Ute Bohmeier, Kölner Stadt-Anzeiger*

Dieter Wellershoff
Die Sirene
Novelle

Ein Mann wird in seinem Arbeitszimmer von einer fremden Frau angerufen, und damit beginnt die Geschichte einer Verführung, die sich zu einem hypnotischen Bann steigert.

»Lange ist mir gleich Faszinierendes nicht mehr in die Hände geraten. Ich habe in diesem Buch etwas gefunden, was ich in der westdeutschen Literatur dieser Jahre nur selten entdeckte: eine große erregende Idee des Lebens. Diesen Fund wollte ich nicht verheimlichen. Ich denke, dies ist ein Buch nicht nur für mich.«

Christian Linder, Süddeutsche Zeitung

»Ein erstaunliches Werk, das nicht nur vom äußeren Aufbau bis in die feinsten Verästelungen durchgeformt und gestaltet ist, sondern in dem sich Symbol und Ereignis, Zeichen und blutvolles Leben unmerklich, aber stabil die Waage halten. Stets ist das eine vom anderen erfüllt. In der literarischen Formbewußtheit und Geschmeidigkeit wird diese Novelle vielleicht einmal zu den klassischen Erzählungen unserer Zeit gehören.«

Christel Heybrock, Mannheimer Morgen

Dieter Wellershoff
Der Roman und die Erfahrbarkeit der Welt

»Hier liest, wie ein Architekt die Baupläne der Architekturgeschichte, ein Kollege der großen Erzähler die Grundrisse ihrer Kunst- und Musterstücke. Seine Lust am Text verrät immer dreierlei, nicht nur Lust am Lesen und Lust am Machen, Kennerschaft also und Könnerschaft, sondern vor allem Neugierde für den nie ganz aufklärbaren Zusammenhang zwischen beidem.«

Reinhard Baumgart, Die Zeit

»Es ist ein literarisches Programm, das Wellershoff insgeheim für sich selbst, genau und schön, vorstellt, denn die unendlichen Mühen, die in Romanen stecken, sind für ihn nichts anderes als Lebensentwürfe, die, stets scheiternd, trotzdem Verheißung in sich bergen.«

Günter Herburger, Stuttgarter Zeitung

»Wellershoffs Werk über den Roman und die Erfahrbarkeit der Welt, eine Geschichte des modernen Romans und eine Ästhetik und Poetik der Gattung dazu, ist ein exzellentes Buch, das ebenso feinsinnige Einzelinterpretationen wie großräumige Analysen von Gesamtstrukturen bietet.« *Werner Jung, Deutsche Volkszeitung/die tat*

KIEPENHEUER & WITSCH

Dieter Wellershoff
Die Körper und die Träume
Erzählungen

»Sprachlich enorm differenziert, erweist sich Wellershoff als subtiler Seelenkenner und saugt den Leser in seine eigenartig fremden und doch so authentischen Geschichten förmlich hinein.«

Werner Schulze-Reimpell, Stuttgarter Zeitung

»Dieter Wellershoff führt in seinem bemerkenswerten Erzählungsband die Angst vor dem Leiden als Krankheit unserer Zeit exemplarisch vor.«

Werner Fuld, Frankfurter Allgemeine Zeitung

»Diese Erzählungen beglaubigen einmal mehr die theoretischen Ambitionen Wellershoffs: Vom Sog dieser Prosa einmal erfaßt, sieht man sich bald den eigenen Verstörungen gegenübergestellt.«

Holger Schlodder, Süddeutsche Zeitung

»Wellershoffs neue Geschichten sind spannendes Lesefutter, animierend im besten Sinne.«

Hans Stempel, Frankfurter Rundschau